MALAQUIAS
A Igreja no tribunal de Deus

Hernandes Dias Lopes

MALAQUIAS
A Igreja no tribunal de Deus

© 2006 por Hernandes Dias Lopes

Revisão
Marcos Mendes Granconato
João Guimarães

Capa
Souto Design

Adaptação gráfica
Atis Design

1ª edição - junho de 2006
Reimpressão - outubro de 2007
Reimpressão - novembro de 2009
Reimpressão - julho de 2011
Reimpressão - setembro de 2013
Reimpressão - abril de 2014
Reimpressão - fevereiro de 2016
Reimpressão - fevereiro de 2017
Reimpressão - dezembro de 2017
Reimpressão - janeiro de 2019

Gerente editorial
Juan Carlos Martinez

Coordenador de produção
Mauro W. Terrengui

Impressão e acabamento
Imprensa da Fé

Todos os direitos desta edição reservados para:
Editora Hagnos
Av. Jacinto Júlio, 27
04815-160 - São Paulo - SP - Tel: (11) 5668-5668
hagnos@hagnos.com.br - www.hagnos.com.br

Dados Internacionais de Catalogação na Publicação (CIP)
(Câmara Brasileira do Livro, SP, Brasil)

Lopes, Hernandes Dias -
Malaquias: a igreja no tribunal de Deus / Hernandes Dias Lopes.
- São Paulo, SP: Hagnos 2006. (Comentários expositivos Hagnos)

ISBN 85-89320-92-8

1. Bíblia A.T. Malaquias - Comentários 2. Bíblia A.T. Malaquias - Crítica e interpretação I. Título

06-2295   CDD-224.9907

Índices para catálogo sistemático:
1. Malaquias: Livros proféticos: Bíblia: Comentários   224.9907

Dedicatória

DEDICO ESTE LIVRO ao fiel servo de Cristo, Rev. Jeremias Pereira da Silva, pregador ungido, líder forte, pastor de almas, amigo mais chegado que irmão, homem segundo o coração de Deus.

Sumário

Prefácio   9

1. Deus chama o Seu povo para uma audiência   13
(Ml 1.1-5)

2. Perigos em relação ao culto   33
(Ml 1.6-14)

3. O ministro: bênção ou maldição   47
(Ml 2.1-9)

4. Famílias em perigo   61
(Ml 2.10-16)

5. Deus no banco dos réus   77
(Ml 2.17–3.1-5)

6. Um chamado à restauração   89
(Ml 3.6-12)

7. A diferença entre o perverso e o justo   109
(Ml 3.13-18)

8. A última audiência   123
(Ml 4.1-6)

Prefácio

VIVEMOS DIAS TÃO DIFÍCEIS que a sensação mais comum entre as pessoas é de estarmos em uma arena lutando com tudo e contra todos. Aliado a esse sentimento, está a própria solidão. Imagino que esse era o sentimento do profeta Malaquias quando proclama a mensagem de Deus a Israel. Ele viria a ser o último profeta em uma terra desolada, entre um povo que, desde a sua liderança até o mais humilde, andava longe de Deus, tanto que precisa iniciar sua profecia com uma palavra pesada: "Sentença". Poderíamos supor que Malaquias estaria desanimado e sem motivos para falar. Mas ele fala, e como fala! Fala tão alto e forte, que até hoje, vinte e cinco séculos depois, sua voz majestosa ainda ecoa em nosso meio.

Quem assim fala, precisa ser ouvido. Precisamos voltar os ouvidos da consciência e da alma para entender e atender a mensagem profética. Os brados ecoados no passado longínquo estão precisando encontrar um povo que os ouça e os atenda. Por isso eu lhe aviso: esteja preparado para ler este livro. Mesmo que você o faça por mera curiosidade, não despreze a mensagem profética.

Hernandes Dias Lopes expõe o âmago dessa mensagem. Consegue como poucos transformar aquilo que para alguns seriam meros ruídos, em um som limpo e puro. Essa mensagem conseguirá *como derretedor e purificador de prata* mudar o curso da sua vida e sua visão acerca daquilo que Deus quer ver em você e na sua igreja, ou como o profeta diz: *Vereis outra vez a diferença entre o justo e o perverso, entre o que serve a Deus e o que não o serve.*

Não acredita? Então, em que outra profecia encontrará um Deus ousado falando para o seu povo: *Provai-me!* Ou, um Deus com o coração apertado, falando: *Tomara que não houvesse ninguém que acendesse o fogo do altar*, ou de um Deus exigente com a retidão dos seus líderes, que diz: *Amaldiçoarei as vossas bênçãos*, ou um Deus esperançoso que proclama: *Converterá o coração dos pais aos filhos e o coração dos filhos aos pais.* Aqui está o ponto alto do livro: De um lado, encontraremos o Deus que por todas as razões poderia estar calado, mas que dialoga; apesar da indignação em Suas palavras, Ele está disposto a falar e a ouvir nossos argumentos. Hernandes, neste livro, nos desafia a ouvir os argumentos de Deus.

Aqueles que no passado não desprezaram esse último brado, puderam ver nascer *o Sol da Justiça trazendo salvação em suas asas.* Por intermédio deste livro, poderemos recuperar de forma majestosa toda a mensagem que o profeta Malaquias proclamou. Mais claro e direto é impossível!

Rev. José Ernesto Conti

Capítulo 1

Deus chama o Seu povo para uma audiência
(Ml 1.1-5)

Os BONS TEMPOS haviam ficado para trás.

O tempo dos milagres tinha passado com Elias e Eliseu. O cativeiro babilônico era apenas uma amarga lembrança dos antepassados. As reformas feitas por Neemias já estavam caindo no esquecimento. A rotina das cerimônias religiosas era mantida, mas sem entusiasmo.[1] Era um tempo de apatia e sonolência espiritual. Na verdade, tanto a liderança quanto o povo estavam vivendo uma espécie de torpor espiritual.

Stanley Ellisen retrata esse tempo como segue:

Apesar do templo ter sido reconstruído em 516 a.C., o sistema de culto restaurado de maneira digna por Esdras em 457 a.C. e o muro da cidade reconstruído por Neemias em 444 a.C., o estado espiritual dos judeus estava de novo em um nível muito baixo. O povo tinha deixado de dar o dízimo, e em conseqüência, as colheitas fracassaram. Os sacerdotes, vendo-se no desamparo, tornaram-se descuidados e indiferentes para com as funções do templo. A moral mostrava-se frouxa e havia freqüentes contatos comprometedores com os pagãos circunvizinhos.[2]

Henrietta Mears considera o livro de Malaquias a ponte entre o Antigo e o Novo Testamento.[3] J. Sidlow Baxter diz que Malaquias é o último profeta do Antigo Testamento antes que a voz da profecia se cale num silêncio de quatrocentos anos.[4] Que diz esse último mensageiro? Qual é a mensagem final? Qual é a palavra de despedida? Malaquias emboca a sua trombeta e faz uma urgente e apaixonada convocação ao povo de Deus para arrepender-se e voltar-se para o Senhor. Na verdade, a mensagem de Malaquias é uma denúncia contra o pecado e o formalismo.[5]

Os tempos mudaram, mas o coração do homem não. Os problemas que a igreja contemporânea enfrenta são praticamente os mesmos. Daí, a mensagem de Malaquias ser atualíssima e oportuna para a igreja hoje.

À guisa de introdução, vejamos três pontos importantes:

Em primeiro lugar, *o mensageiro*. O nome *Malaquias* significa meu mensageiro, ou seja, mensageiro de Deus. Por isso, alguns estudiosos entenderam que *Malaquias* era um pseudônimo e não um nome próprio.[6] A Septuaginta traduz Malaquias por *angelou autou,* "meu anjo".[7] Orígenes defendeu a tese de que Malaquias era um anjo de Deus, trazendo uma mensagem de Deus para o povo.[8] Jerônimo[9] e Calvino[10] defenderam a tese de que *Malaquias* era um pseudônimo de Esdras.[11] C. F. Keil na mesma linha de pensamento afirma: "a noção que Malaquias é apenas um nome oficial é encontrada em muitos Pais da Igreja e tem sido vigorosamente defendida em tempos mais recentes".[12] Cremos, entretanto, firmados na maioria dos estudiosos, que *Malaquias* não é um pseudônimo, mas o nome do profeta. Ele era um personagem histórico. Aqueles que argumentam que ele não era um personagem histórico, por não apresentar sua genealogia na introdução do livro, precisam observar que Obadias e Habacuque também não têm genealogia descrita e, nem por isso, a historicidade desses autores é questionada. Concordamos com Warren Wiersbe quando disse que a coisa mais importante sobre o mensageiro é a mensagem. Malaquias estava preocupado em ser fiel mais do que ser famoso.[13]

Em segundo lugar, *o tempo.* Malaquias não data a sua profecia, mas todos concordam que ele é um profeta pós-exílico.[14] Alguns estudiosos colocam Malaquias antes de Esdras. Outros, colocam-no no período entre a ausência de Neemias e seu segundo governo em Jerusalém,[15] ou seja, depois do ano 432 a.C., visto que Malaquias trata dos mesmos problemas que Neemias enfrentou, quando de seu retorno da Pérsia: sacerdócio corrompido, retenção dos dízimos e casamento misto. Cremos, entretanto, que Malaquias profetizou logo depois do período de Neemias. No tempo de Malaquias, o templo já havia sido reconstruído. O culto, entretanto, estava sendo oferecido com desleixo: tanto o sacerdócio quanto o povo estavam em profunda letargia espiritual. O povo estava vivendo um grande ceticismo.

Isaltino Gomes Filho descreve o tempo de Malaquias da seguinte forma: "O período em que Malaquias profetiza é de frieza espiritual e de culto insincero. Há certo ritual, mas não há vida alguma. O culto que está sendo prestado agrada aos homens, mas conforme mostra o profeta, desagrada a Deus".[16] J. Sidlow Baxter nessa mesma linha afirma que Malaquias profetizou depois dos dias de Neemias – e suficientemente mais tarde para que se desenvolvessem as condições corruptas que ele pranteia e denuncia.[17] Postulamos, assim, que Malaquias vem logo depois de Neemias, e isso, por algumas razões:

A primeira razão é que o estado espiritual de geral decadência é incompatível com a firme liderança espiritual de Neemias. As condições descritas por Malaquias sugerem uma deterioração que surgiu depois da eliminação da influência de Esdras e Neemias. No tempo de Malaquias, havia frieza espiritual e culto insincero; havia ritual, mas não vida nos cultos. A segunda razão é que no tempo de Neemias a infidelidade do sacerdócio e do povo não era generalizada, mas no tempo de Malaquias era. A terceira razão é que Neemias não faz referência a Malaquias, nem Malaquias a Neemias. Isso parece nos provar que Malaquias foi posterior ao tempo de Neemias.

Stanley Ellisen faz uma síntese da decadência espiritual denunciada por Malaquias:

> Conforme indicação de Malaquias, havia fortes sintomas de degeneração na fé que Israel tinha. Sua visão de Deus era quase deísta: Questionavam o Seu amor (1.2), Sua honra e grandeza (1.14; 2.2), Sua justiça (2.17) e Seu caráter (3.13-15). Essa visão deficiente a respeito de Deus produziu uma atitude arrogante e fez que as funções do templo fossem realizadas com enfado, o que insultava o Senhor ao invés de adorá-Lo (1.7-10; 3.14). O dízimo não era dado de todo o coração, e as ofertas eram compostas de animais doentes e sem valor. Isto ofenderia até o mais simples governador que recebesse tal presente (1.8). Em reação a isto, o

Deus chama o Seu povo para uma audiência

Senhor disse que atiraria lixo ao rosto dos sacerdotes (2.3) e amaldiçoaria as sementes plantadas (3.11). O resultado moral dessa religião desprezível foi o povo voltar-se para a feitiçaria, adultério, perjúrio, fraude e opressão do pobre (3.5). A discórdia familiar era freqüente, levando-os a se divorciarem das esposas judias para se casarem com mulheres pagãs (2.10-14; 4.6). As condições eram tão más que se fazia necessária a atuação de um Elias para restaurar a paz familiar e evitar outra destruição do Senhor (4.5).[18]

Em terceiro lugar, *o estilo.* No ensino de Malaquias é fundamental o conceito de aliança, diz Joyce Baldwin.[19] Deus se apresenta como Pai e trata Israel como Seu filho (1.6; 3.17).

Stanley Ellisen afirma que o estilo dialético de Malaquias é um tanto singular entre os profetas, pois a maioria preferiu um estilo de conferência ou de narrativa,[20] enquanto Malaquias usou um estilo de confronto poderoso, como se Deus estivesse chamando o Seu povo para um confronto no tribunal. Nessa audiência divina, há três expedientes: afirmação, interrogação e refutação.[21] Esse tipo de confronto é apresentado no livro oito vezes (1.2; 1.6; 1.7; 2.14; 2.17; 3.7; 3.8; 3.13). Charles Feinberg diz que em cada caso, quando acusados de pecado, eles contradizem o Senhor e pedem provas dessas acusações.[22] Herbert Wolf argumenta que o povo se considerava inocente a respeito dessas acusações.[23]

J. Sidlow Baxter corrobora dizendo que do começo ao fim esse pequeno livro é um apelo, um apelo poderoso, apaixonado, suplicante – um apelo ao arrependimento do pecado e à volta a Deus – um apelo acompanhado de rica promessa se o povo atender, e de severa advertência se recusar[24] (1.6; 2.10; 3.7; 3.10; 4.4). O apelo de Malaquias divide-se em duas partes: nos capítulos 1 e 2, o apelo é feito em vista do pecado presente na nação; nos capítulos 3 e 4, ele se deve ao "dia do Senhor" que virá.[25] Em virtude desses fatos retro mencionados, Malaquias pode ser considerado o mais argumentativo livro de todo o Antigo Testamento.[26]

A mensagem solene de Deus (1.1)

Sentença pronunciada pelo Senhor contra Israel, por intermédio de Malaquias (1.1).

James Wolfendale aponta quatro importantes verdades que devem ser aqui destacadas: a natureza, a autoridade, o destino e o instrumento da mensagem.[27]

Em primeiro lugar, *a natureza da mensagem* (1.1). A mensagem de Malaquias é *uma sentença, um fardo, um peso*. Não é uma mensagem consoladora, mas de profundo confronto e censura.[28] Essa mensagem tinha um triplo peso: era um peso para o profeta, para o povo e para Deus. A palavra "sentença", *masâ*, peso, significa mais do que uma palavra da parte do Senhor. É algo pesado, duro, que o Senhor vai dizer.[29] É um peso para o coração do profeta (Jr 4.19), para o coração do povo e para o coração de Deus. Não é uma mensagem palatável, azeitada, fácil de ouvir. Dionísio Pape diz que a profecia de Malaquias era profecia contra Israel.[30] A carga que pesava sobre o profeta devia pesar também sobre a consciência das pessoas, até que se preparassem para "aquele dia".[31]

Estamos hoje também com sérias deficiências em nossa espiritualidade. Precisamos ouvir a *masâ* de Deus. O espírito pós-moderno com seu pragmatismo corre atrás de mensagens suaves, de auto-ajuda, que fazem cócegas na vaidade humana. O ouvinte contemporâneo não quer pensar, quer sentir. Ele não busca conhecimento, mas entretenimento. Seu culto não é racional, mas sensório. Os púlpitos contemporâneos estão deixando de tratar do pecado e falhando em chamar o povo ao arrependimento. Os pregadores modernos pregam o que o povo quer ouvir e não o que povo precisa ouvir. Pregam o que funciona e não o que é verdade. Pregam para entreter e não para converter. Os pregadores modernos estão mais interessados em agradar aos bodes do que alimentar as ovelhas. A pregação contemporânea prega fé sem arrependimento e salvação sem conversão.

Os dois principais males da época de Malaquias eram o formalismo e o ceticismo. Vemos neles os primórdios do farisaísmo (formalismo) e do saduceísmo (ceticismo). Como essas duas coisas ainda nos prejudicam hoje!

Em segundo lugar, *a autoridade da mensagem* (1.1). A mensagem é "uma sentença pronunciada *pelo Senhor*. A mensagem não é criada pelo profeta, mas apenas transmitida por ele. A mensagem vem de Deus, é do céu. O pregador não gera a mensagem. O sermão não é palavra de homem, mas palavra de Deus. Calvino entendia que o púlpito é o trono a partir do qual Deus governa o Seu povo com Sua Palavra. Deus não tem nenhum compromisso com a palavra do pregador, Ele tem compromisso com a Sua Palavra. É a Palavra de Deus que é viva e poderosa. Esta jamais volta vazia.

Em terceiro lugar, *o destino da mensagem* (1.1). Malaquias entrega uma sentença pronunciada pelo Senhor *contra Israel*. Sendo Israel o povo da aliança, ele a desprezou, insultando, assim, o amor de Deus. Tanto os líderes quanto o povo quebraram a aliança (2.8,10). Longe de corresponderem ao amor de Deus, desprezaram a Deus, Sua Palavra, o culto e as ofertas. Por isso, o juízo começou pela Casa de Deus. Antes de julgar o mundo, Deus julga o Seu povo. Israel alegrava-se quando Deus julgava as nações ao Seu redor, mas não aceitava quando Deus trazia julgamento sobre ele. Quando o povo da aliança desobedece, Deus envia a vara da disciplina. Não temos autoridade para chamar o mundo ao arrependimento antes de acertar a nossa vida com Deus. Se o nosso sal for insípido, seremos pisados pelos homens, nos tornaremos inúteis. Se a Igreja não andar com Deus, será pedra de tropeço em vez de exercer o ministério da reconciliação.

Em quarto lugar, *o instrumento da mensagem* (1.1). Há uma sentença pronunciada pelo Senhor contra Israel, *por intermédio de Malaquias*. Deus levanta homens para pregar não o que eles querem pregar, não o que o povo quer ouvir, mas o que Deus ordena. A mensagem de Deus não tem o propósito de agradar aos ouvintes, mas de salvá-los; não tem o propósito de entretê-los, mas levá-los à conversão; não tem o propósito de anestesiá-los no pecado, mas livrá-los da ira vindoura.

O amor eletivo de Deus (1.2)

> *Eu vos tenho amado, diz o Senhor; mas vós dizeis: Em que nos tens amado? Não foi Esaú irmão de Jacó? – disse o Senhor; todavia, amei a Jacó* (1.2).

O profeta Malaquias, nesse versículo, destaca três verdades solenes sobre o amor eletivo de Deus.

Em primeiro lugar, *é um amor declarado* (1.2). Nenhuma outra nação foi tão privilegiada diante de Deus quanto Israel. Ele escolheu essa nação, fez uma aliança com ela e a destinou para uma missão especial.[32] O amor de Deus pelo Seu povo é um amor deliberado e imutável (3.6). Era como o amor de um esposo pela esposa (2.11) ou de um pai pelo filho (1.6; 3.17). A escolha de Jacó foi motivada por um amor imerecido (Rm 9.13). O mesmo acontece conosco. Deus não nos amou por causa das virtudes que viu em nós (Os 11.1). A causa do amor de Deus está Nele mesmo e não em nós. Deus escolheu Israel não porque era a maior ou a melhor nação. Jesus disse: "Não fostes vós que me escolhestes a mim, pelo contrário, eu vos escolhi a vós outros" (Jo 15.16). Deus escolheu Jacó antes dele nascer. Deus não nos elegeu porque previu que iríamos crer. A fé não é a causa da eleição, mas sua conseqüência (At 13.48). Deus não nos escolheu porque viu em nós boas obras, ao contrário, fomos eleitos para as boas obras e não por causa delas (Ef 2.10). Deus não nos escolheu porque viu em nós santidade; Ele nos escolheu para a santidade e não por causa dela (Ef 1.4). Deus não nos elegeu porque viu em nós obediência, mas fomos eleitos para a obediência e não por causa dela (1Pe 1.2).

Joyce Baldwin destaca o fato de que em lugar nenhum o Antigo Testamento ensina que Jacó era mais digno de ser amado do que Esaú, ou que agradava mais a Deus. Na verdade, Deus amou Jacó apesar da sua insignificância (Dt 7.7,8). Amou-o porque Lhe aprouve fazê-lo (Dt 10.15).[33]

Mas o amor de Deus por Seu povo é também um amor paciente. Deus amou Jacó, mas ele foi um homem enganador: ele enganou o irmão e mentiu para o pai. Muitas vezes, o povo de Israel voltou-se contra Deus e o provocou à ira. Mas Deus nunca desamparou o Seu povo. Tratou-o como um pai trata o seu filho. De igual modo, Deus é paciente conosco hoje. Mesmo que sejamos infiéis, Ele permanece fiel!

De igual forma, o amor de Deus por Seu povo é um amor triunfante. O amor de Deus por Seu povo é um amor contínuo. Ele não disse: "eu vos amei" nem disse: "Eu vos amo", mas disse: "Eu vos tenho amado". O amor de Deus pelo Seu povo nunca cessou. Deus ama com um amor eterno (Jr 31.3). Deus prova o Seu amor para conosco, pelo fato de ter Cristo morrido por nós, sendo nós pecadores (Rm 5.8). Israel afastou-se de Deus, matou os Seus profetas e fechou o coração para Ele. Então, Deus o enviou ao cativeiro, mas depois de cumprido o Seu propósito, tirou-o do cativeiro e restaurou-lhe a sorte. A graça de Deus é maior do que o nosso pecado. Israel ainda é o povo da aliança. Deus não desiste de nós. Aquele que começou a fazer boa obra em nós há de completá-la até o dia de Cristo Jesus!

Angelo Gagliardi Jr. diz que a consciência completa, total do amor de Deus por nós, é o remédio, o bálsamo, a resposta a todos os nossos males e dores. Quando temos absoluta certeza de que Deus nos ama, tudo o mais, mesmo os mais graves problemas, tornam-se sem importância.[34]

Em segundo lugar, *é um amor questionado* (1.2). Charles Feinberg diz que a raiz de todos os pecados de Israel era a sua falta de consciência do amor de Deus.[35] Malaquias destaca duas atitudes do povo em relação ao amor de Deus:

A primeira atitude é *a insensibilidade*. A raiz do pecado do povo é a insensibilidade ao amor de Deus e à sua própria fraqueza.[36] Por causa de seus pecados, eles foram castigados e levados para o cativeiro, mas não viram na disciplina divina um gesto de amor. Essa insensibilidade produziu dúvida, impiedade e relaxamento moral. Eles deixaram de ver a providência divina e de ouvir a Palavra de Deus. Eles foram disciplinados, mas não viram nisso o amor do Pai, ao contrário, sentiram-se injustiçados.[37] O pecado sempre encontrará uma porta aberta, onde o amor de Deus é colocado em dúvida.

A segunda atitude do povo em relação ao amor de Deus é *a ingratidão*. Apesar da declaração e das evidências do amor de Deus por Israel, eles ainda perguntam: "Em que nos tem amado?" (1.2) A ingratidão tem os olhos fechados para a benevolência recebida. Quantas vezes nós também questionamos o amor de Deus! Quantas vezes ferimos o coração de Deus com uma atitude de rebeldia e ingratidão (Sl 78.9-17)! O povo de Israel achava certo que Deus julgasse Edom, mas achava injusto que Deus o julgasse. É sempre mais cômodo apelar para o juízo divino contra os outros. Na verdade, o povo que voltou do cativeiro esperava a prosperidade material como recompensa pela sua obediência em voltar.[38] O povo ficou insatisfeito, julgando que Deus estava lhes dando pouco. Na verdade, o povo estava dando mais valor às coisas materiais do que às bênçãos espirituais.

Em terceiro lugar, *é um amor demonstrado* (1.2). Deus oferece ao povo três provas insofismáveis do Seu amor. A primeira prova foi Sua escolha soberana. Deus escolheu Jacó. Deus escolheu Israel. "Tão-somente o Senhor se afeiçoou a teus pais para os amar: a vós outros, descendentes deles, escolheu de todos os povos" (Dt 10.15). Deus escolheu-nos soberanamente. A eleição é um ato da livre graça de Deus. Ele nos escolheu antes dos tempos eternos (2Tm 1.9). Ele nos escolheu quando não tínhamos nenhum mérito. Ele nos escolheu em Cristo. A segunda prova foi Sua proteção amorosa. Deus livrou Jacó, salvou-o e o abençoou. Formou um povo, libertou-o e o guiou. Deu-lhe provisão, proteção, a lei, uma terra, uma missão. A terceira prova foi Sua restauração milagrosa. Deus tirou o povo do Egito, guiou-o no deserto e o colocou na terra da promessa. Deus lhes deu Sua Palavra, enviou-lhes profetas, disciplinou-os em sua rebeldia, trouxe-os de volta do cativeiro e os restaurou. Concluímos, então, com as palavras de R. Tuck quando disse que o amor de Deus por Israel é um amor deliberado, paciente e triunfante.[39]

O julgamento solene de Deus (1.3,4)

> *Porém aborreci a Esaú; e fiz dos seus montes uma assolação e dei a sua herança aos chacais do deserto. Se Edom diz: Fomos destruídos, porém tornaremos a edificar as ruínas, então, diz o Senhor dos Exércitos: Eles edificarão, mas eu destruirei; e Edom será chamada Terra-De-Perversidade e Povo-Contra-Quem-O-Senhor-Está-Irado-Para-Sempre (1.3,4).*

Há vários pontos que precisam ser destacados aqui para o nosso ensino:

Em primeiro lugar, Esaú rejeitou a sua primogenitura (Gn 25.34; Hb 12.16). Esaú não dava valor às coisas espirituais. Ele preferia satisfazer seu apetite a dar importância às coisas de Deus. Ele trocou seu direito de primogenitura por um prato de lentilhas. Toda a história subseqüente da descendência de Esaú se explica pelo sistema de valores dele. Deus jamais predestinou Esaú a ser um réprobo. Deus jamais predestinou o pecado. Esaú deliberadamente abandonou a Deus e as coisas de Deus. Ele caminhou pelas veredas tortas do pecado com as suas próprias pernas, segundo a inclinação perversa do seu próprio coração. Deus não pode ser o responsável moral pelos pecados e escolhas de Esaú.

Deus chama o Seu povo para uma audiência

Em segundo lugar, *Esaú era impuro e profano* (Hb 12.16,17). Esaú era um homem entregue à impiedade e perversão, ou seja, ele era profano e impuro. Ele desprezava as coisas de Deus e entregava-se ao pecado. Por isso, era capaz de chorar querendo a bênção, mas jamais se arrependeu sinceramente (Hb 12.17). O perverso é como Caim, ele chora pelas conseqüências do seu pecado que desabam sobre a sua cabeça, mas jamais chora pelo pecado. Ele não se arrepende do pecado, apenas entristece-se por sofrer suas inevitáveis conseqüências. Ele ama o pecado, mas fica triste ao colher seus frutos amargos.

Em terceiro lugar, *os descendentes de Esaú, os edomitas, seguiram o seu caminho* (Nm 20.14-21). Dionísio Pape diz que toda a história subseqüente da descendência de Esaú se explica pelo sistema de valores dele.[40] Eles não deixaram Israel passar pelo seu território, ao contrário, perseguiram o povo de Deus. Eles se colocaram na contramão da vontade de Deus. Esta é uma triste realidade: o exemplo dos pais reflete nos filhos. Os pais sempre ensinam os filhos para o bem ou para o mal. Eles são bênção ou maldição, neutros jamais. A rivalidade entre Esaú e Jacó acabou por se projetar na história de duas nações, Edom e Israel, seus descedentes respectivos. Em Números 20.14-21, Moisés pediu ao rei de Edom para Israel passar por seu território. O pedido foi cuidadosamente feito: "Assim diz teu irmão Israel". O episódio, porém, termina com uma firme resolução dos edomitas: "Não passarás". E para abrir ainda mais a ferida e cavar ainda um abismo mais profundo, eles saíram armados ao encontro de seus irmãos para lhes impedir a passagem. Isaltino Gomes Filho diz que a rivalidade terminou em ódio, saque e matança.[41]

Em quarto lugar, *os descendentes de Esaú, os edomitas, associaram-se com a Babilônia para matar o povo de Deus*

(Ob 10-14; Jl 3.19; Sl 137.7). Os edomitas saquearam Jerusalém com os caldeus (Ob 11,13). Olharam com prazer a calamidade de Israel (Ob 12; Sl 137.7). Pararam nas encruzilhadas para matar os que tentavam fugir (Ob 14) e entregaram à Babilônia alguns que tentavam escapar da morte (Ob 14). O ódio que Esaú nutriu por seu irmão Jacó não se apagou do coração de seus descendentes. Esaú perdoou Jacó, mas os seus descendentes não perdoaram os descendentes de Jacó. O ódio pode passar de geração para geração e provocar grandes tragédias.

Em quinto lugar, *os descendentes de Esaú foram também saqueados pelos nabateus, um povo árabe, logo depois do cativeiro babilônico* (Ob 15,18,21; Ml 1.3,4). Setenta anos depois que Jerusalém caiu nas mãos da Babilônia com a ajuda dos edomitas, os nabateus, invasores do deserto, chamados de árabes no livro apócrifo de 2Macabeus, varreram o território edomita, obrigando sua população a se refugiar no Neguebe, ao sul de Judá.[42] Seu país, mais tarde conhecido como Iduméia, tinha por capital Hebrom. O mal praticado pelos edomitas caiu sobre suas próprias cabeças. Ao perseguirem o povo de Deus, tocaram na menina dos Seus olhos e tiveram de sofrer as conseqüências de seu ato insano.

Em sexto lugar, *os descendentes de Esaú, os edomitas, nunca foram restaurados* (1.4). A grande prova do amor de Deus por Israel é que ele igualmente pecou e foi levado para o cativeiro. Mas Deus restaurou Israel e não restaurou Edom. Houve reconstrução para Jerusalém, mas para Edom não houve restauração (1.2,4). Ainda que Edom tenha procurado reconstruir sua cidade à parte de Deus, este não o permitiu. É como se Deus dissesse: "Olhem para os descendentes de Esaú! Eles pecaram, foram julgados e eu não os restaurei. Agora, olhem para vocês mesmos. Vocês pecaram, foram julgados e eu os restaurei. Eles e vocês sofreram pelos seus pecados, mas para vocês houve restauração".[43] Merrill F. Unger diz que os descendentes de Esaú receberam merecidamente o juízo de Deus e os descendentes de Jacó receberam imeracidamente o amor de Deus.[44]

Os esforços do ímpio são dirigidos por propósitos errados (1.4): os edomitas querem reconstruir sem Deus. Os esforços do ímpio são conduzidos por um espírito errado (1.4). Eles disseram: "retornaremos e reedificaremos". Sempre que o homem procura levantar monumentos à sua própria glória, em seu próprio nome, pela sua própria força, ele tenta repetir o fracassado projeto de Babel. Em Babel os homens foram frustrados em seu propósito, confundidos em sua língua e espalhados pela terra.[45] Os esforços do ímpio estão edificados sobre um fundamento errado (1.4). A terra de Edom será sempre uma terra de perversidade. A ira de Deus está sempre ardendo contra eles. A providência divina tanto restaura quanto derruba (Ec 3.3). O juízo de Deus é terrível (desolador) e irrevogável (irado para sempre).

A grandeza universal de Deus (1.5)

Os vossos olhos o verão, e vós direis: Grande é o Senhor também fora dos limites de Israel (1.5).

A grandeza do nome de Deus (1.5,11,14; 2.2) é colocada em contraste com a falta de respeito que o povo tinha por Ele (1.6,12; 2.13,14). A grandeza de Deus é vista em Seus graciosos atos com Israel, Seu povo: Deus elegeu, protegeu, disciplinou e restaurou o Seu povo.

A grandeza de Deus também é vista em Seu julgamento às nações. As intervenções soberanas de Deus não estão circunscritas apenas ao Seu povo. Deus não é uma propriedade da Igreja nem uma divindade tribal, mas o Senhor do universo. Se Israel olhasse mais ao seu redor, reconheceria melhor o amor de Deus, e veria como Deus fora maravilhoso com eles, em contraste com as experiências de outras nações. Israel precisa ver e anunciar a grandeza de Deus em toda a terra.

Concluindo, podemos afirmar que o texto estudado enseja-nos seis lições práticas:

Primeira, *a sentença de Deus é deveras pesada.* Precisamos escolher entre o peso de glória ou o peso da ira.[46] Deus disse por intermédio de Amós: "De todas as famílias da terra somente a vós outros vos escolhi, portanto eu vos punirei por todas as vossas iniqüidades" (Am 3.2). A graça de Deus não é uma licença para pecar, ao contrário, ela nos responsabiliza ainda mais. Maiores privilégios implicam maiores responsabilidades.

Segunda, *o amor de Deus é deveras benigno.* O amor de Deus é verdadeiro ainda quando disciplina o Seu povo. O viticultor castiga a vinha, podando seus ramos para obter mais uvas e uvas de qualidade mais excelente. É uma triste prova da nossa depravação que o amor de Deus é menos confessado onde ele é mais manifesto (1.2).[47]

Terceira, *o soberano e eterno propósito de Deus é o único fundamento de Seu favor a nós.* A salvação depende do amor eletivo de Deus. O que deve nos espantar é o fato de Deus ter nos escolhido para Ele, sendo nós ainda pecadores. A restauração espiritual de Israel não foi fundamentada nas suas virtudes, mas no amor e zelo que Deus tem pelo Seu próprio nome. O profeta Ezequiel assim descreve esse fato auspicioso:

> Mas tive compaixão do meu santo nome, que a casa de Israel profanou entre as nações para onde foi. Dize, portanto, à Casa de Israel: Assim

diz o Senhor Deus: Não é por amor de vós que eu faço isto, ó casa de Israel, mas pelo meu santo nome, que profanastes entre as nações para onde fostes [...] Tomar-vos-ei de entre as nações, e vos congregarei de todos os países, e vos trarei para a vossa terra. Então, aspergirei água pura sobre vós, e ficareis purificados; de todas as vossas imundícias e de todos os vossos ídolos vos purificarei. Dar-vos-ei coração novo e porei dentro de vós espírito novo; tirarei de vós o coração de pedra e vos darei coração de carne. Porei dentro de vós o meu Espírito e farei que andeis nos meus estatutos, guardeis os meus juízos e os observeis [...] Não é por amor de vós, fique bem entendido, que eu faço isto, diz o Senhor Deus.[48]

Quarta, *o amor de Deus pelo Seu povo nem sempre é correspondido*. A ingratidão fere o coração de Deus, embora não o apague. A obediência cheia de gratidão deveria ser um *post-scriptum* de resposta ao amor de Deus por nós. Seu amor é eterno, infinito, imutável, sacrificial. Deus, ao nos amar, deu-nos o Seu melhor, deu-nos tudo, deu-nos Seu Filho, deu-nos a si mesmo.

Quinta, *o poder do homem jamais pode reverter a sentença de Deus*. É Deus quem edifica e quem derruba. Quando Deus edifica, ninguém derruba; quando Deus derruba, ninguém edifica.[49] É impossível lutar contra Deus e prevalecer. Deus é vencedor invicto em todas as batalhas. Colocar-se na contramão de Sua vontade é entrar em rota de colisão.

Sexta, Deus *será glorificado tanto no julgamento do pecado quanto na recompensa da obediência*. A glória de Deus é manifesta na salvação do Seu povo e também na condenação dos ímpios que O rejeitam. Tanto o céu quanto o inferno devem manifestar a glória de Deus.[50]

MALAQUIAS – A Igreja no tribunal de Deus

NOTAS DO CAPÍTULO 1

[1] BALDWIN, Joyce G. *Ageu, Zacarias e Malaquias.* São Paulo: Vida Nova, 1972, p. 176.

[2] ELLISEN, Stanley A. *Conheça melhor o Antigo Testamento.* São Paulo: Vida, 1991, p. 344.

[3] MEARS, Henrietta. *Estudo panorâmico da Bíblia.* São Paulo: Vida, 1982, p. 295.

[4] BAXTER, J. Sidlow Baxter. *Examinai as Escrituras: Ezequiel a Malaquias.* São Paulo: Vida Nova, 1995, p. 293.

[5] SILVA, José Apolônio da. *Sintetizando a Bíblia.* Rio de Janeiro: CPAD, 1985, p. 166.

[6] BALDWIN, Joyce G. *Ageu, Zacarias e Malaquias,* p. 176-177.

[7] GOMES FILHO, Isaltino. *Malaquias, nosso contemporâneo.* Rio de Janeiro: JUERP, 1988, p. 18.

[8] DEANE, W. J., PROUT, E. S. *The pulpit commentary – Malachi.* Vol. 14. Grand Rapids: Eerdmans, 1978, p. iii.

[9] ROBINSON, George L. *Los doce profetas menores.* Nova York: Casa Bautista de Publicaciones,1984, p. 133.

[10] CALVIN, John . *Twelve minor prophets.* Edinburgh, 1849, p. 459.

[11] GOMES FILHO, Isaltino. *Malaquias, nosso contemporâneo,* p. 19.

[12] KEIL, C. F. *Commentary on the Old Testament – Minor Prophets.* Vol. X. Grand Rapids: Eerdmans, 1978, p. 423.

[13] WIERSBE, Warren W. *With the word.* Nashville: Thomas Nelson Publishers, 1991, p. 622.

[14] PACKARD, Joseph. *Lange's commentary on the Holy Scriptures. The book of Malachi.* Vol. 7. Grand Rapids: Zondervan,1980, p. 3.

[15] ROBINSON George L. *Los doce profetas menores,* p. 134.

[16] GOMES FILHO, Isaltino. *Malaquias, nosso contemporâneo,* p. 20.

[17] BAXTER, J. Sidlow. *Examinai as Escrituras – Ezequiel a Malaquias,* p. 295.

[18] ELLISEN, Stanley A. *Conheça melhor o Antigo Testamento,* p. 346-347.

[19] BALDWIN, Joyce G. *Ageu, Zacarias e Malaquias,* p. 181.

[20] ELLISEN, Stanley A. *Conheça melhor o Antigo Testamento,* p. 346.

[21] ROBINSON, George L. *Los doce profetas menores,* p. 135.

[22] FEINBERG, Charles L. *Os profetas menores,* p. 330.

[23] WOLF, Herbert. *Ageu e Malaquias,* p. 64.

[24] BAXTER, J. Sidlow. *Examinai as Escrituras – Ezequiel a Malaquias,* p. 297.

[25] BAXTER, J. Sidlow. *Examinai as Escrituras – Ezequiel a Malaquias,* p. 297-298.

[26] ROBINSON, George L. *Los doce profetas menores,* p. 137.

[27] WOLFENDALE, James. *The preacher's complete homiletic commentary – minor prophets.* Vol. 20. Grand Rapids: Baker Books, 1996, p. 703.

[28] FEINBERG, Charles L. *Os profetas menores,* p. 330.

[29] GOMES FILHO, Isaltino. *Malaquias, nosso contemporâneo,* p. 21.

[30] PAPE, Dionísio. *Justiça e esperança para hoje*. São Paulo: ABU, 1983, p. 129.

[31] BALDWIN, Joyce G. *Ageu, Zacarias e Malaquias*, p. 184.

[32] WOLF, Herbert. *Ageu e Malaquias*, p. 67.

[33] BALDWIN, Joyce G. *Ageu, Zacarias e Malaquias*, p. 185.

[34] GAGLIARDI JR., Angelo. *Panaroma do Velho Testamento*. Niterói: Vinde, 1995, p. 329.

[35] FEINBERG, Charles L. *Os profetas menores*, p. 331.

[36] MOORE, Thomas V. *A commentary on Haggai and Malachi*. New York: The Banner of Truth Trust,1960, p. 110.

[37] MOORE, Thomas V. *A commentary on Haggai and Malachi*, p. 111.

[38] PAPE, Dionísio. *Justiça e esperança para hoje*, p. 128.

[39] TUCK, R. *The pulpit commentary – Malachi*. Vol. 14, p. 10.

[40] PAPE, Dionísio. *Justiça e esperança para hoje*, p. 129.

[41] GOMES FILHO, Isaltino. *Malaquias, nosso contemporâneo*, p. 24.

[42] BALDWIN, Joyce G. Ageu, *Zacarias e Malaquias*, p. 186.

[43] GOMES FILHO, Isaltino. *Malaquias, nosso contemporâneo*, p. 27.

[44] UNGER, Merril F. *The new unger's Bible hand book*. Chicago: Moody Press, 1984, p. 348.

[45] WOLFENDALE, James. *The preacher's complete homiletic commentary – minor prophets*. Vol. 20, p. 703.

[46] MOORE, Thomas V. *A commentary on Haggai and Malachi*, p. 114.

[47] Idem., loc. cit.

[48] Ezequiel 36.21,22,24-27,32.

[49] MOORE, Thomas V. *A commentary on Haggai and Malachi*, p. 116.

[50] Idem, loc. cit.

Capítulo 2

Perigos em relação ao culto

(Ml 1.6-14)

Malaquias inicia essa mensagem fazendo uma declaração indiscutível: "O filho honra o pai e o servo ao seu Senhor" (1.6). Assim, ele conquista a atenção dos sacerdotes antes de acusá-los.[51] A primeira relação envolve afeição e a segunda respeito. Mas os sacerdotes não demonstraram amor nem respeito a Deus. Desde o início, Deus tratou Israel como um filho amado, tirando-o do Egito, dando-lhe uma herança, proteção, revelação sobrenatural e missão especial. Não obstante Israel ser o filho primogênito de Deus (Êx 4.22), ele tornou-se um filho ingrato (Os 11.1) e rebelde (Is 1.2).

Malaquias, também, acusa Israel de uma ingratidão inegável. Como foi que

MALAQUIAS – A Igreja no tribunal de Deus

Israel retribuiu ao Senhor Seu amor gracioso? Do amor de Deus, o profeta volta-se para a ingratidão do povo. Deus o tratou como filho, mas Israel não o honrou como pai. Não houve honra nem respeito a Deus.

Malaquias ainda fala sobre uma profanação abominável. O objetivo principal do homem é glorificar a Deus. Por isso, o culto é a essência da vida cristã. Adoração vem antes de missão, pois Deus vem antes do homem. Exatamente o culto foi deturpado e Deus desonrado. Vejamos quais foram os sinais da decadência do culto.

O perigo de uma liderança decadente (1.6,7)

O filho honra o pai, e o servo, ao seu senhor. Se eu sou pai, onde está a minha honra? E, se eu sou senhor, onde está o respeito para comigo? – diz o Senhor dos Exércitos a vós outros, ó sacerdotes que desprezais o meu nome. Vós dizeis: Em que desprezamos nós o teu nome? Ofereceis sobre o meu altar pão imundo e ainda perguntais: Em que te havemos profanado? Nisto, que pensais: A mesa do Senhor é desprezível (1.6,7).

Malaquias destaca dois graves perigos.

Em primeiro lugar, *o perigo de fazer a obra de Deus sem andar com Deus.* Os sacerdotes tinham perdido o relacionamento pessoal com Deus. Eles eram profissionais da religião sem fidelidade à Palavra de Deus e sem vida com Deus. Eles tinham se corrompido doutrinária e moralmente. Eles faziam o contrário do que a Bíblia ensinava. A teologia estava divorciada da vida: chamavam Deus de Pai e Senhor, mas não O honravam nem O respeitavam como tal.

Perigos em relação ao culto

A apostasia começa sempre na liderança. As falsas doutrinas começam nos seminários, descem aos púlpitos e daí matam as igrejas. Os antepassados respeitaram a lei (2.5), mas agora a nova geração a desprezava. Pedem a Deus prova do Seu amor (1.2). Querem saber em que desprezam o nome de Deus (1.6). Querem saber em que têm profanado o nome de Deus (1.7). Eles estão errados e não admitem. Estão cegos, endurecidos e cauterizados (Is 1.2,3). O desvio da teologia desemboca no desvio moral: O liberalismo, o sincretismo e a ortodoxia morta desembocam em vida relaxada!

Em segundo lugar, *o perigo da liderança ser uma maldição em vez de uma bênção.* A liderança jamais é neutra: ela é uma bênção ou uma maldição. Concordamos com o ditado: tal líder tal povo. Sempre que a liderança é um exemplo positivo, o povo segue-lhe os passos. Sempre que o líder transgride, ele é um laço para o povo. A liderança é como um espelho. O espelho para ser útil precisa estar limpo, ser plano e estar bem iluminado. A vida do líder é a vida da sua liderança, mas os pecados do líder são os mestres do pecado. Líderes apáticos produzem crentes mundanos, vazios e omissos. Deus está mais interessado em quem você é do que no que você faz. Vida é mais importante do que trabalho. Piedade é mais importante do que atividade. Vida com Deus é mais importante do que desempenho.

O perigo da racionalização (1.6,7)

Dois são os perigos apontados por Malaquias:

Primeiro, *o perigo de praticar o mal sem percebê-lo.* O profeta Malaquias denuncia o pecado como se estivesse num tribunal. A acusação é feita: Eles não honram a Deus como Pai, não respeitam a Deus como Senhor e profanam a mesa de Deus e mesmo assim, não percebem isso.

Segundo, *o perigo de não aceitar a repreensão divina.* Eles tinham os olhos fechados e o coração endurecido. Eles retrucaram: "Em que desprezamos nós o teu nome?" (1.6); "em que te havemos profanado?" (1.7). Joyce Baldwin diz que, muitas vezes, atitudes pecaminosas são pecados ocultos da consciência do pecador.[52] No passado, Caim ofereceu a Deus um culto indigno de Deus. Ele foi repreendido, mas em vez de mudar de vida, endureceu-se ainda mais. Caim ofereceu um culto a Deus sem observar os seus preceitos, ou seja, ofereceu um sacrifício incruento. Além disso, Caim ofereceu um culto a Deus com o coração cheio de ódio e inveja (1Jo 3.12). Caim ofereceu um culto a Deus mesmo maquinando e praticando o mal. Caim tentou esconder o seu pecado e livrar-se da sua conseqüência.

Os filhos do sacerdote Eli, Hofni e Finéias, também foram destruídos porque profanaram o culto divino (1Sm 4). Deus alertou Eli três vezes acerca do pecado de seus filhos. Eles faziam a obra de Deus, mas eram adúlteros. Eles oficiavam no altar, mas eram filhos de Belial. Eles carregavam a arca da aliança, mas ao mesmo tempo estavam vivendo em pecado e desobedecendo aos preceitos da lei quanto ao culto. Por isso, Deus os reprovou e eles morreram. A liderança deles foi uma tragédia para o povo. Trouxeram maldição sobre o povo em vez de bênção; morte em vez de vida.

Coré, Datã e Abirão foram mortos por oferecerem fogo estranho ao Senhor (Nm 16). O culto é bíblico ou é anátema. Culto não é *show* nem entretenimento para agradar a preferência das pessoas. Deus estabeleceu os princípios para o culto. Transgredir esses princípios é entrar num terreno perigoso.

O perigo da impureza na vida do adorador (1.8b,9,10)

Ora, apresenta-o ao teu governador; acaso, terá ele agrado em ti e te será favorável? – diz o Senhor dos Exércitos. Agora, pois, suplicai o favor de Deus, que nos conceda a sua graça; mas, com tais ofertas nas vossas mãos, aceitará ele a vossa pessoa? – diz o Senhor dos Exércitos.

Tomara houvesse entre vós quem feche as portas, para que não acendêsseis, debalde, o fogo do meu altar. Eu não tenho prazer em vós, diz o Senhor dos Exércitos, nem aceitarei da vossa mão a vossa oferta (1.8b,9,10).

Duas verdades exponenciais são enfatizadas por Malaquias.

A primeira delas é que *a vida do adorador precisa vir antes da oferta*. Ageu e Zacarias tinham conseguido motivar o povo a reconstruir o templo, mas é mais fácil reconstruir a Casa de Deus do que viver nela para a glória de Deus.[53] Os sacerdotes estavam oferecendo pão imundo na Casa de Deus. Eles estavam profanando o santuário do Senhor. A oferta deles era um reflexo da vida errada que levavam. Deus não busca adoração, mas adoradores que o adorem em Espírito e em verdade. Se Deus não aceitar nossa vida, Ele também não aceitará nossa oferta. A oferta, muitas vezes, revela a vida do ofertante. Pecamos contra Deus pela maneira como O cultuamos: irreverência, superficialidade e leviandade. Deus diz: "Eu não tenho prazer em vós, diz o Senhor dos Exércitos, nem aceitarei da vossa mão a vossa oferta" (1.10).

A segunda verdade igualmente importante é que *o culto precisa ser em espírito e em verdade*. Como dissemos, o culto é bíblico ou é anátema. Os princípios que regem o culto precisam ser emanados da Palavra. Deus não aceita fogo estranho no altar. Deus não aceita sacrifícios impuros no altar. Deus não aceita nada menos que o melhor! O culto precisa ser, também, de todo o coração, com sinceridade, com zelo, com amor, com alegria, com deleite.

O perigo de oferecer a Deus as sobras e não as primícias (1.8,9,13,14)

Quando trazeis animal cego para o sacrificardes, não é isso mal? E, quando trazeis o coxo ou o enfermo, não é isso mal? Ora, apresenta-o ao teu governador; acaso, terá ele agrado em ti e te será favorável? – diz o Senhor dos Exércitos. Agora, pois, suplicai o favor de Deus, que nos conceda a sua graça; mas, com tais ofertas nas vossas mãos, aceitará ele a vossa pessoa? – diz o Senhor dos Exércitos. E dizeis ainda: Que canseira! E me desprezais, diz o Senhor dos Exércitos; vós ofereceis o dilacerado, e o coxo, e o enfermo; assim fazeis a oferta. Aceitaria eu isso da vossa mão? – diz o Senhor. Pois maldito seja o enganador, que, tendo um animal sadio no seu rebanho, promete e oferece ao Senhor um defeituoso; porque eu sou grande Rei, diz o Senhor dos Exércitos, o meu nome é terrível entre as nações (1.8,9,13,14).

Malaquias é enfático ao afirmar que Deus não aceita nada menos que o melhor. Charles Feinberg interpreta o pensamento de Malaquias, dizendo que é melhor não oferecer sacrifícios do que oferecê-los em vão.[54] Os sacerdotes estavam trazendo para Deus animais cegos, coxos e enfermos (1.8). Eles estavam trazendo o dilacerado (1.13) e o defeituoso (1.14). Eles estavam oferecendo a Deus o pior, o resto, o imprestável. Eles estavam trazendo até mesmo a carniça. Essa prática era contrária à orientação bíblica, que exigia um animal sem defeito (Lv 22.20; Dt 15.21). Esses sacrifícios deviam ser um tipo do sacrifício perfeito de Cristo (Jo 1.29; 1Pe 1.18-21). Contudo, eles pensavam: para Deus qualquer coisa serve. Eles retribuíam o amor de Deus com descaso! Mas a verdade incontroversa é que Deus não aceita nada menos que o melhor (1.9). Malaquias ergue sua voz para dizer que Deus não aceita esse tipo de culto, vazio, formal, hipócrita, fraudulento, com ofertas que procedem de um coração distante.[55]

Malaquias diz também que Deus não pode ser enganado pelos sacerdotes. Deus examina o coração, o bolso e o gazofilácio. Tendo o povo o melhor, trazia o pior para Deus (1.14). Prometiam primícias e traziam o resto, mas Deus não é Deus de resto. Eles estavam roubando a Deus nos dízimos e pensavam que Deus não estava vendo (3.8). Dionísio Pape diz que é possível contribuir com a obra de Deus e ser um enganador.[56]

De forma semelhante, Ananias e Safira, na Igreja Primitiva, tentaram enganar a Deus. Eles retiveram parte do dinheiro e disseram que estavam dando tudo. Por isso foram sentenciados à morte. Satanás encheu o coração deles para mentirem ao Espírito Santo (At 5.1-11). Muitos ainda hoje tentam enganar a Deus, trazendo ao altar o que dizem ser o dízimo, mas Deus está vendo que o valor que depositam no gazofilácio não é todo o dízimo! Eles sonegam e subtraem o que é de Deus e pensam que podem enganar a Deus e sair ilesos. Reter mais do que é justo é pura perda, é receber salário para colocá-lo num saco furado. Ninguém pode enganar a Deus, pois Ele tudo vê e a todos sonda. A Bíblia diz que Jesus viu a mulher viúva trazendo sua oferta ao gazofilácio (Mc 12.41-44) e afimou que ela deu mais do que os ricos que depositavam grandes quantias, porque estes deram da sobra, ela deu tudo quanto possuía. Jesus ainda continua olhando o povo quando este vem depositar os dízimos e as ofertas no gazofilácio. Ele ainda sonda os corações. Aquela viúva pobre deu mais que os ricos, porque ela trouxe uma oferta sacrificial e não a sobra. Deus não aceita sobras, Ele requer primícias. Ainda hoje o gazofilácio é um termômetro que mede a temperatura espiritual da Igreja.

O perigo de honrar mais aos homens do que a Deus (1.8,9)

Quando trazeis animal cego para o sacrificardes, não é isso mal? E, quando trazeis o coxo ou o enfermo, não é isso mal? Ora, apresenta-o ao teu governador; acaso, terá ele agrado em ti e te será favorável? – diz o Senhor dos Exércitos. Agora, pois, suplicai o favor de Deus, que nos conceda a sua graça; mas, com tais ofertas nas vossas mãos, aceitará ele a vossa pessoa? – diz o Senhor dos Exércitos (1.8,9).

O povo estava tendo mais respeito com as autoridades políticas do que com o Senhor dos Exércitos. O povo era mais articulado na bajulação aos homens públicos do que na adoração a Deus. Eles não tinham coragem de ofertar ao governador o que estavam trazendo para a Casa de Deus. Eles honravam mais aos homens do que a Deus. Às vezes, ainda hoje, temos mais reverência diante dos homens do que diante de Deus: no falar, no vestir, no agir, na postura.

O povo buscava os favores de Deus, mas não queria agradar a Deus. Se um governador não pode se agradar nem ser favorável com a afronta de um presente indigno

Perigos em relação ao culto

e impróprio (animal cego, coxo ou enfermo), quanto mais o Deus dos Exércitos aceitaria os adoradores com ofertas tão aviltantes! A oferta que trazemos nas mãos revela nosso coração. Nossa oferta é uma radiografia do nosso interior.

O perigo de oferecer a Deus um culto inútil (1.10)

Tomara houvesse entre vós quem feche as portas, para que não acendêsseis, debalde, o fogo do meu altar. Eu não tenho prazer em vós, diz o Senhor dos Exércitos, nem aceitarei da vossa mão a vossa oferta. Mas, desde o nascente do sol até ao poente, é grande entre as nações o meu nome; e em todo lugar lhe é queimado incenso e trazidas ofertas puras; porque o meu nome é grande entre as nações, diz o Senhor dos Exércitos (1.10).

Deus prefere a igreja fechada a um culto hipócrita. É inútil acender o fogo do altar se nele vamos oferecer uma oferta imunda, se nossa vida está contaminada, cheia de impureza e ódio (Mt 5.23-25).

Quando Deus não tem prazer no ofertante, Ele não aceita a oferta. Deus rejeitou a oferta, porque rejeitou primeiro o ofertante. Foi assim com Caim (Gn 4.5). O profeta Samuel disse que obedecer é mais importante do que o sacrificar (1Sm 15.22). Deus disse por intermédio do profeta Isaías: "Não continueis a trazer ofertas vãs, o incenso é para mim abominação [...] não posso suportar iniquidade associada ao ajuntamento solene" (Is 1.13). O profeta Amós, nessa mesma linha de pensamento, disse em nome do Senhor: "Aborreço, desprezo as vossas festas e com as vossas assembléias solenes não tenho nenhum prazer [...]. Afasta de mim o estrépito dos teus cânticos, porque não ouvirei as melodias da tua lira. Antes, corra o juízo como as águas; e a justiça, como ribeiro perene" (Am 5.21,23,24). Jesus disse: "Esse povo honra-me com os lábios, mas o coração está longe de mim" (Mt 15.8). Paulo exortou: "Rogo-vos, pois, irmãos, pelas misericórdias de Deus, que apresenteis os vossos corpos por sacrifício vivo, santo e agradável a Deus, que é o vosso culto racional" (Rm 12.1).

O perigo de se enfadar do culto divino (1.13)

E dizeis ainda: Que canseira! E me desprezais, diz o Senhor dos Exércitos; vós ofereceis o dilacerado, e o coxo, e o enfermo; assim fazeis a oferta. Aceitaria eu isso da vossa mão? – diz o Senhor (1.13).

Quando desprezamos o culto divino, sentimos canseira e não alegria na igreja. Quando fazemos as coisas de Deus na contramão da Sua vontade, encontramos não prazer, mas enfado; não comunhão, mas profunda desilusão. O pecado cansa. Fazer a obra de Deus relaxadamente cansa. Um culto sem fervor espiritual cansa. Quando o culto é desprezado, uma pessoa vem à igreja e fica enfadada. Nada lhe agrada: a mensagem a perturba, os cânticos a enfadam. Ela está enfastiada. O culto passa a ser um tormento, em vez de ser um deleite. Precisamos ter a motivação correta no culto: tudo deve ser feito para a glória de Deus (1Co 10.31). Há um grande perigo de se acostumar com o sagrado (1Sm 4), de se enfadar de Deus (Mq 6.3), de se cansar de Deus (Is 43.22,23). A geração de Malaquias estava bocejando no culto, resmungando acerca da duração do culto e dizendo: que canseira!

Quando desprezamos o culto divino recebemos o completo repúdio de Deus. Ele rejeita o ofertante e a oferta (1.10,13). Deus rejeita o ofertante e sua oração (1.9). Quando nossa vida está errada com Deus, não temos sucesso na oração. Em vez de Deus ter prazer nesse culto, Ele diz que isso é um mal (1.8). Em vez de Deus receber esse culto, Ele diz que ele é inútil (1.10).

O perigo de limitar o poder de Deus (1.5,11,14)

Os vossos olhos o verão, e vós direis: Grande é o Senhor também fora dos limites de Israel [...]. Mas desde o nascente do sol até ao poente, é grande entre as nações o meu nome; e em todo lugar lhe é queimado incenso e trazidas ofertas puras, porque o meu nome é grande entre as nações, diz o Senhor dos Exércitos [...]. Pois maldito seja o enganador, que, tendo um animal sadio no seu rebanho, promete e oferece ao Senhor um defeituoso; porque eu sou grande Rei, diz o Senhor dos Exércitos, o meu nome é terrível entre as nações (1.5,11,14).

Quando deixamos de reconhecer a majestade de Deus, Ele chama outro povo para si dentre as nações. O Deus dos Exércitos não é uma divindade tribal. Deus não é propriedade de um povo, de um grupo, de uma denominação. Ele não é apenas o Deus dos judeus ou o Deus da nossa igreja, mas o Senhor do universo. Seu nome é grande fora dos limites de Israel (1.5). Deus chama os seus eleitos das nações e Ele julga as nações. Israel o rejeitou, mas não frustrou o Seu plano, pois Deus formou para si um povo santo e o comprou com o sangue de Cristo (Ap 5.9). Todos quantos receberam a Cristo, o Filho de Deus, deu-lhes o poder de serem feitos filhos de Deus (Jo 1.11-12). Agora somos um só povo, um só rebanho, uma só família!

Quando deixamos de cumprir os propósitos de Deus, Ele levanta outros para ocupar o nosso lugar. Não há pessoas insubstituíveis na obra de Deus. Ele não precisa de nós; nós é quem precisamos Dele. Deus não precisa do nosso culto, nós é quem precisamos cultuá-Lo. Nosso culto não pode fazer Deus melhor nem pior. Ele é perfeito em si mesmo. Se não cumprirmos nossa missão, Ele remove o nosso candeeiro e chama outro para ocupar o nosso lugar. De uma pedra Deus pode suscitar filhos a Abraão! Deus sem nós, é Deus; nós sem Deus, somos nada. Não podemos perder o tempo da nossa oportunidade!

Concluímos, dizendo que Deus espera ser honrado pelo Seu povo por Sua grandeza. Se o povo teme insultar o governador, ousaria desafiar o grande rei persa que o havia nomeado? Pois com muito maior temor e reverência deveriam eles estar ansiosos por agradar Àquele que considera as nações como "um pingo que cai dum balde e reduz a nada os príncipes" (Is 40.15,22).

Deus ainda espera ser honrado pelo Seu povo por Seu amor. Deus requereu ser temido como Senhor, honrado como pai, amado como marido. Qual é o ponto comum, a linha mestra, de tudo isso? Amor! Sem amor, o temor é um tormento e a honra não tem sentido. O temor, se não vem contrabalançado pelo amor, é medo servil. A honra, quando vem sem amor, não é honra, mas adulação. A honra e a glória dizem respeito a Deus, mas nenhum dos dois será aceito por Ele, se não forem temperados com o mel do amor.[57]

Perigos em relação ao culto

Notas do capítulo 2

[51] BALDWIN, Joyce G. *Ageu, Zacarias e Malaquias*, p. 187.

[52] BALDWIN, Joyce. *Ageu, Zacarias e Malaquias*, p. 188.

[53] WOLF, Herbert. *Ageu e Malaquias*, p. 74.

[54] FEINBERG, Charles L. *Os profetas menores*, p. 333.

[55] GAGLIARDI JÚNIOR, Angelo. *Panorama do Velho Testamento*, p. 330.

[56] PAPE, Dionísio. *Justiça e esperança para hoje*, p. 131.

[57] PUSEY, E. B. *The minor prophets – a commentary*. Grand Rapids: Baker Book House, p. 468.

Capítulo 3

O ministro: bênção ou maldição

(Ml 2.1-9)

MALAQUIAS ACABARA de exortar o povo (1.14), agora dirige sua profecia aos sacerdotes (2.1) para reprová-los pela sua descrença e desobediência (2.2,3), ensino deturpado (2.4-8) e parcialidade na aplicação da lei (2.9).[58]

À guisa de introdução, destacamos duas solenes verdades.

Em primeiro lugar, *a obediência produz bênção, enquanto a desobediência acarreta maldição* (Dt 28.2,15). A desobediência de Israel foi a causa do exílio na Babilônia (Dt 28.64-67). Em vez de bênção, o povo colheu maldição, porque escolheu o caminho da rebeldia em vez das veredas da justiça. Com a volta do cativeiro, a monarquia não foi mais restaurada. Israel

MALAQUIAS – A Igreja no tribunal de Deus

deixou de ser uma nação política e se tornou um rebanho religioso. Nesse contexto, o sacerdote era a figura principal. Ele também exercia o ministério docente e profético (Ne 8.1-8). Agora, Deus está advertindo novamente sobre a maldição. Ela estava sendo provocada pelos sacerdotes (2.2). A maldição veio e Israel ficou mais quatrocentos anos sem voz profética, mergulhado em profundas angústias. A ausência de profetas foi um duro golpe em Israel e se tornou um marco histórico dolorido, uma verdadeira calamidade.

Em segundo lugar, *a liderança espiritual nunca é neutra, é uma bênção ou uma maldição.* O desvio do povo começou na sua liderança. Primeiro, os sacerdotes se corromperam, desprezando o nome de Deus; depois, o povo começou a trazer animais cegos, coxos, doentes e dilacerados para Deus. Quando os líderes não honram a Deus, o povo se desvia. Onde falta profecia, o povo perece. O profeta Oséias já alertara em nome de Deus: "O meu povo está sendo destruído, porque lhe falta o conhecimento. Porque tu, sacerdote, rejeitaste o conhecimento..." (Os 4.6).

As bênçãos do ministro transformadas em maldição (2.1-4)

Agora, ó sacerdotes, para vós outros é este mandamento. Se o não ouvirdes e se não propuserdes no vosso coração dar honra ao meu nome, diz o Senhor dos Exércitos, enviarei sobre vós a maldição e amaldiçoarei as vossas bênçãos; já as tenho amaldiçoado, porque vós não propondes isso no coração. Eis que vos reprovarei a descendência, atirarei excremento ao vosso rosto, excremento dos vossos sacrifícios, e para junto deste sereis levados. Então, sabereis que eu vos enviei este mandamento, para que a minha aliança continue com Levi, diz o Senhor dos Exércitos (2.1-4).

Malaquias destaca três fatos nestes quatro primeiros versículos.

Em primeiro lugar, ele fala sobre a natureza da maldição sobre as bênçãos. A maldição cai sobre os próprios ministros: "[...]enviarei sobre vós a maldição" (2.2). Isto é o reverso da promessa original para a obediência: "eu enviarei minha bênção sobre ti". De semelhante modo, a maldição cai sobre as próprias bênçãos dadas pelos ministros: "[...]e amaldiçoarei as vossas bênçãos" (2.2). Deus não diz: "eu vou enviar a maldição em vez de bênção". Ele diz: "eu vou amaldiçoar as vossas próprias bênçãos". Quando os sacerdotes levantavam as mãos para abençoar (Nm 6.24-26), em vez de receber bênção, o povo recebia maldição. Deus é capaz de transformar maldição em bênção (Ne 13.2) e bênção em maldição (2.1,2). É muito doloroso quando Deus remove Suas bênçãos de nós; mas quando Ele transforma as bênçãos em maldição, a dor é terrível.[59]

Um ministro nunca é uma pessoa neutra. Ele é uma bênção ou uma maldição. Ele é instrumento de vida ou de morte. Charles Spurgeon dizia que o maior instrumento de Satanás dentro da igreja é um ministro infiel. Dwight Moody afirmava que o maior problema da obra são os obreiros. Um líder impiedoso é pior do que um herege.

Em segundo lugar, ele fala sobre *a razão da maldição sobre as bênçãos*. As próprias bênçãos são amaldiçoadas porque os ministros negligenciaram a Palavra de Deus: "Se o não ouvirdes, e se não propuserdes no vosso coração..." (2.2). Esse oráculo foi endereçado especificamente aos líderes (2.1). A palavra hebraica *miswa* indica que não se pode recorrer do castigo que será pronunciado.[60] Deus está enviando uma sentença irrecorrível, porque os pregadores relaxaram em instruir o Seu povo na Palavra. Os homens que deviam ensinar a Palavra de Deus não estavam fazendo isso adequadamente. Hoje, há igrejas cujos pastores são desencorajados de estudar, porque julgam que isso é carnalidade. Acham que podem abrir a Bíblia ao acaso e o que saltar aos olhos do pregador é o que se deve pregar. Depois, ainda dizem: "Foi o Senhor que mandou". Essa atitude perniciosa, relaxada e irresponsável, tem produzido uma geração de crentes analfabetos da Bíblia, facilmente manipulável, verdadeira massa de manobra nas mãos de pastores inescrupulosos que querem tirar proveito do rebanho em vez de apascentá-lo com conhecimento e inteligência. Os pecados do líder são os mestres do pecado. Quando o líder despreza a Palavra de Deus, torna-se instrumento de maldição e morte e não de bênção e vida.

As bênçãos são amaldiçoadas também porque os ministros desprezaram o nome de Deus: "[...]se não propuserdes dar honra ao meu nome" (2.2). Honrar significa "dar peso, mostrar atenção, considerar como importante". O nome de Deus estava sendo desonrado pela vida dos ministros, pelas ofertas trazidas à Sua casa, pela falta de fervor espiritual do povo. Quem não vive para a glória de Deus, vive de forma vã. Os pregadores não apenas negligenciaram a Palavra, mas também não a colocaram em prática.

Em terceiro lugar, ele fala sobre *as implicações da maldição sobre as bênçãos*. A primeira implicação é uma descendência reprovada: "Eis que vos reprovarei a descendência..." (2.3). A palavra "descendência" no hebraico é "semente". Assim, essa expressão foi interpretada de duas maneiras: Primeiro, pode ser que as colheitas seriam fracas, fazendo os dízimos e ofertas diminuírem. Desta forma, o sustento dos sacerdotes seria cortado. Segundo, pode também significar a posteridade.

O ministro: bênção ou maldição

Assim, uma diminuição contínua de pessoas e colheitas era o julgamento de Deus.

A segunda implicação é uma liderança desonrada: "[...] atirarei excremento aos vossos rostos, excremento dos vossos sacrifícios" (2.3). O esterco dos animais do sacrifício deveria ser removido do santuário e queimado fora do arraial (Êx 29.14; Lv 4.11). Contudo, para Deus os que ofereciam sacrifícios sem valor eram tão revoltantes que eles e seus sacrifícios deveriam acabar no depósito de esterco, longe da presença de Deus.[61] Como eles trouxeram o pior para Deus, agora eles recebem o pior de Deus. Como eles afrontaram a Deus, agora são desonrados por Deus. Jogar algo no rosto de uma pessoa era uma ofensa muito grave. Deus envergonha publicamente os sacerdotes. Deus está dizendo que os sacerdotes teriam a mesma sorte que as entranhas ou os excrementos que eram levados para fora, ao campo, e queimados. Assim os sacerdotes culpados seriam retirados da comunidade e destruídos.[62]

A terceira implicação é uma liderança rejeitada: "[...] e para junto deste sereis levados" (2.3). O excremento dos sacrifícios devia ser levado para fora do arraial e queimado (Êx 29.14; Lv 4.11). Para Deus, os que ofereciam sacrifícios sem valor eram tão desprezíveis que eles e seus sacrifícios deveriam acabar no depósito de esterco, longe da presença de Deus. Os sacerdotes seriam tirados do templo e seriam lançados numa montanha de excremento. Os sacerdotes seriam depostos e não mais poderiam continuar no ministério, visto que seriam rejeitados por Deus. Há muitos líderes hoje que estão vivendo na prática do pecado e ao mesmo tempo estão pregando, aconselhando e ministrando a Ceia do Senhor. Esses ministros parecem cauterizados e anestesiados pelo ópio do pecado. Eles perderam a capacidade de ouvir a voz de Deus, embora estejam pregando a Palavra de Deus. Eles abafaram a voz da consciência, taparam os ouvidos às advertências de Deus e só irão retroceder na prática de seus pecados ocultos quando forem expostos ao opróbrio, quando forem flagrados e suas práticas vergonhosas vierem a público. A cada ano cresce o número de pastores e líderes se divorciando por motivos fúteis. A cada ano, cresce o número de líderes que naufragam por causa do sexo, do dinheiro e da sede de poder.

A quarta implicação é uma liderança que só atenta para Deus quando é tarde demais: "Então sabereis que eu vos enviei este mandamento..." (2.4). Muitos ministros e líderes vão continuar desonrando a Deus, desprezando a Sua Palavra até serem apanhados e envergonhados em público. Tenho percorrido o Brasil, pregando em muitas igrejas de várias denominações e conversando com centenas de pastores e líderes. Estamos vendo com profunda tristeza que a liderança está em crise. Há muitos líderes doentes emocionalmente. Há outros que estão perdidos doutrinariamente. Há aqueles que entraram no ministério por motivos equivocados e inconfessos. Há também outros que fizeram do ministério uma fonte de lucro, pois não é claro se evangelizam para arrecadar dinheiro ou se arrecadam dinheiro para evangelizar. Há uma nuvem imensa de pastores e líderes que têm deitado no colo das Dalilas e acordado tarde demais, sem visão, sem força e sem ministério.

A bênção de ser um verdadeiro ministro (2.5-7)

Minha aliança com ele foi de vida e de paz; ambas lhe dei eu para que me temesse; com efeito, ele me temeu e tremeu por causa do meu nome. A verdadeira instrução esteve na sua boca, e a injustiça não se achou nos seus lábios; andou comigo em paz e em retidão e da iniqüidade apartou a muitos. Porque os lábios do sacerdote devem guardar o conhecimento, e da sua boca devem os homens procurar a instrução, porque, ele é mensageiro do Senhor dos Exércitos (2.5-7).

Malaquias destaca quatro marcas de um verdadeiro ministro.

Em primeiro lugar, *um verdadeiro ministro mantém um profundo relacionamento com Deus:* "[...] com efeito ele me temeu, e tremeu por causa do meu nome [...] andou comigo em paz e em retidão" (2.5,6). Andar com Deus é mais importante do que trabalhar para Deus. O Senhor da obra é mais importante do que a obra do Senhor. Jesus chamou os doze apóstolos para estar com Ele. Só então os enviou a pregar (Mc 3.14). Deus está mais interessado em quem nós somos do que no que nós fazemos. Ele não quer ativismo vazio, quer vida no altar. Só o temor a Deus pode nos livrar da sedução do pecado. Só o temor a Deus pode nos livrar de temer os homens. Aquele que treme diante do nome de Deus não teme açoites, prisões, nem mesmo a morte. Foi esse temor de Deus que deu coragem a Martinho Lutero na dieta de Worms, em 1521, para enfrentar seus opositores. Quem teme a Deus não teme a mais ninguém!

Em segundo lugar, *um verdadeiro ministro é incorruptível na doutrina:* "A verdadeira instrução esteve em sua boca" (2.6). Há uma profunda conexão entre o que o homem fala e o que ele é (Sl 15.2; Pv 18.4; Mt 12.33-37; Lc 6.45; Tg 1.26; 3.1-12). Um ministro que sonega a Palavra de Deus ao povo, que torce a Palavra de Deus e diz ao povo o que Deus não está dizendo é um falso ministro, um falso profeta. Hoje estamos vendo a igreja evangélica em profunda crise. Há desvios sérios: liberalismo, sincretismo, pragmatismo e ortodoxia morta. O apóstolo Paulo diz: "No ensino, mostra integridade, reverência, linguagem sadia e irrepreensível, para que o adversário seja envergonhado não tendo indignidade nenhuma que dizer a nosso respeito" (Tt 2.7,8). Um ministro que torce a Palavra e dá ao povo a palha da heresia em vez do trigo nutritivo da verdade, não é boca de Deus, mas agente do diabo. A heresia, muitas vezes, é mais popular e mais palatável que a verdade. Contudo, o verdadeiro ministro está mais interessado em ser fiel do que em ser bem-sucedido. A verdade é mais importante do que o sucesso. Fidelidade é mais importante que popularidade. Importa mais agradar a Deus do que ser louvado pelos homens. A glória de Deus é melhor do que os aplausos humanos.

Em terceiro lugar, *um verdadeiro ministro é estudioso e proclamador da Palavra de Deus:* "Porque os lábios do sacerdote devem guardar o conhecimento, e da sua boca devem os homens procurar a instrução, porque é mensageiro do Senhor dos Exércitos" (2.7). Há muitos ministros preguiçosos que não estudam a Palavra. Dão palha em vez de pão ao rebanho. Alimentam o povo de Deus com o refugo das idéias humanas em vez de apresentar-lhes o banquete rico das iguarias de Deus. Outros ministros perderam a paixão pela proclamação da Palavra de Deus e fazem a obra do Senhor relaxadamente. Os tribunais seculares envergonham os púlpitos evangélicos. Os advogados e tribunos são muito mais zelosos em suas prédicas do que a maioria dos pregadores evangélicos. Precisamos resgatar o entusiasmo pela pregação da Palavra de Deus. Somos mensageiros de Deus! A única forma de vermos uma nova reforma na Igreja é uma volta à Palavra, uma volta à pregação fiel das Escrituras!

Em quarto lugar, *um verdadeiro ministro é um ganhador de almas:* "[...]e da iniqüidade apartou a muitos" (2.6). O verdadeiro ministro é comprometido com o trabalho evangelístico. Ele é um semeador, ele fala a tempo e fora de tempo, ele aproveita as oportunidades. Ele crê no poder do evangelho, na eficácia da redenção, na virtude do Espírito Santo. Ele prega com lágrimas, na dependência do poder do alto. Ele sabe que uma alma vale mais do que o mundo inteiro. Ele tem pressa para arrebatar do fogo os que cambaleiam indo para a morte. Ele tem coração ardente, olhos abertos e pés velozes. Um verdadeiro ministro ama a Palavra e as pessoas para quem prega. Uma coisa é amar a pregação, outra bem diferente é amar as pessoas para quem pregamos. Precisamos reacender em nosso coração a paixão pela evangelização. A igreja não vive para si mesma. A igreja evangeliza ou morre. Uma igreja que não evangeliza não pode ser evangélica. A igreja é uma agência missionária ou um campo missionário. Há uma recompensa para os ganhadores de almas: "[...]os que a muitos conduzirem à justiça, resplandecerão como as estrelas sempre e eternamente" (Dn 12.3).

A maldição de ser um falso ministro (2.8,9)

Mas vós vos tendes desviado do caminho e, por vossa instrução, tendes feito tropeçar a muitos; violastes a aliança de Levi, diz o Senhor dos Exércitos. Por isso, também eu vos fiz desprezíveis e indignos diante de todo o povo, visto que não guardastes os meus caminhos e vos mostrastes parciais no aplicardes a lei (2.8,9).

Malaquias, depois de falar dos atributos do verdadeiro ministro, elenca cinco marcas de um falso ministro.

Em primeiro lugar, um falso ministro não anda com Deus em fidelidade: "Mas vós vos tendes desviado do caminho [...] violastes a aliança de Levi [...] visto que não guardastes os meus caminhos" (2.8,9). Havia no tempo de Malaquias um declínio vocacional. O fracasso tinha seu início na vida pessoal dos sacerdotes. Eles tinham vidas indignas e ensinos errados. A vida deles não era pautada pela verdade. A conduta deles era incompatível com o ministério. Esse é um dos mais graves problemas da Igreja brasileira: a vida repreensível de muitos líderes.

Como já mencionamos, para Dwight Moody, o maior problema da obra são os obreiros. Hoje há muitos pastores não convertidos no ministério. Há pastores que nunca foram chamados e entraram no ministério por outras motivações. Há pastores preguiçosos no ministério, que querem usufruir as benesses do ministério sem se afadigarem na Palavra. Há pastores confusos doutrinariamente, que vivem ao sabor do último vento de doutrina, liderando o povo pelos atalhos da heterodoxia. Há pastores emocionalmente enfermos no ministério que deveriam estar sendo cuidados e estão liderando o povo. Há pastores em pecado no ministério, subindo ao púlpito, ministrando a Ceia do Senhor, aconselhando jovens e casais, quando deveriam estar sob disciplina. Eles não irão parar até serem apanhados no flagrante do seu pecado. Sua vida reprova o seu trabalho. Há um abismo entre o que eles se propõem a fazer e o que eles vivem. Estamos vivendo uma crise moral na liderança evangélica brasileira: pastores caindo em adultério, pastores abandonando a sã doutrina, escândalos de toda sorte irrompendo dentro das igrejas.

O ministro: bênção ou maldição

Em segundo lugar, um falso ministro perverte o ensino da Palavra de Deus: "Violastes a aliança de Levi [...] E por vossa instrução, tendes feito tropeçar a muitos" (2.8). Os sacerdotes tentaram obter popularidade mudando a lei de Deus. Eles bandearam para o pragmatismo. A teologia estava errada e por isso a vida estava errada. Quando os ministros deixam de lado a sã doutrina, a vida deles se corrompe. A impiedade leva à perversão (Rm 1.18). A heresia sempre desemboca em imoralidade. Oh! quantos desvios doutrinários hoje! Quantos abusos contra a santa Palavra de Deus. O povo de Deus está sendo destruído porque lhe falta o conhecimento. Há lobos travestidos de pastores. Muitos hoje estão vendendo a graça de Deus. A igreja passou a ser uma empresa particular, o evangelho um produto, o púlpito um balcão, o templo uma praça de barganha e os crentes consumidores. Há morte na panela, nos seminários, nos púlpitos, nos livros, nas músicas, na Internet. Há muitos conselheiros virtuais cujos dentes são de leões e cujas garras são de lobos vorazes. Precisamos nos acautelar.

Em terceiro lugar, um falso ministro é pernicioso em seu ensino e exemplo: "[...] e por vossa instrução, tendes feito tropeçar a muitos" (2.8). Os sacerdotes não somente falharam em ensinar o povo a guardar a lei, mas eles ensinaram o povo, pelo mau exemplo, a desobedecer a lei.[63] Em vez de andar na luz, anunciar a verdade, os falsos ministros torcem a Palavra de Deus e ensinam o erro; em vez de levar ao conhecimento de Cristo, desviam as pessoas de Deus. Em vez de serem ministros da reconciliação, são pedra de tropeço. Em vez de bênção, são maldição. Jesus denunciou os fariseus pelo seu proselitismo apóstata (Mt 23.13-15). Não podemos separar a mensagem da vida, a doutrina do caráter, nem a teologia da ética.

MALAQUIAS – A Igreja no tribunal de Deus

Em quarto lugar, um falso ministro é parcial na aplicação da lei: "[...] e vos mostrastes parciais no aplicardes a lei" (2.9). Ser parcial é literalmente "mudar a cara" ou "mostrar favor",[64] ou seja, usar dois pesos e duas medidas, favorecer uns e penalizar outros; usar para uns as benesses da lei e contra outros o rigor dela. A igreja não pode advertir uns e cortejar outros. Os sacerdotes, às vezes, exerciam funções judiciais (Dt 17.9-11). Os juízes não deviam demonstrar parcialidade com ricos nem com pobres (Lv 19.15). Um falso ministro não é regido pela verdade, mas pela conveniência. Ele nunca busca honrar a Deus, mas ganhar o aplauso dos homens. Ele não visa a glória de Deus, mas o lucro. Ele tem duas caras, dois pesos e duas medidas. Ele favorece uns e penaliza outros. Sua consciência não é cativa da verdade. A Bíblia nos exorta a não fazermos acepção de pessoas.

Em quinto lugar, um falso ministro será desacreditado em público: "Por isso também eu vos fiz desprezíveis e indignos diante de todo o povo..." (2.9). Deus não honra aqueles que não o honram. Aqueles que são líderes terão um julgamento mais severo. O líder será apanhado pelas próprias cordas do seu pecado. Quem zomba do pecado é louco. Os falsos ministros serão expostos ao vexame, ao opróbrio público e serão banidos do ministério.

Concluindo, alertamos sobre o perigo da liderança violar a aliança do Senhor. Como já destacamos na introdução deste capítulo, os sacerdotes violaram a aliança do sacerdócio por três razões: Primeiro, desobediência à Palavra de Deus; segundo, corrupção no ensino da Palavra de Deus; terceiro, parcialidade no aplicar a Palavra de Deus.

Os sacerdotes cometeram dois graves erros. Primeiro, deixaram de andar com Deus; segundo, quiseram lisonjear os homens.[65] Os sacerdotes não podem pecar sozinhos nem cair sozinhos. Eles sempre arrastam outros consigo. Se uma pessoa se recusa a ser ensinada pelo preceito, será ensinada pelo julgamento (2.3,4).[66] Opróbrio público é o destino de todo líder infiel.

De outro lado, destacamos a oportunidade da liderança ser uma bênção nas mãos do Senhor. Se nós esperamos de Deus bênçãos, devemos dar a Ele obediência (2.5).[67] Um verdadeiro ministro usualmente terá a alegria de levar outros a Cristo (2.6,7).

NOTAS DO CAPÍTULO 3

[58] MOORE, Thomas. *A commentary on Haggai and Malachi*, p. 124.

[59] WIERSBE, Warren. *With the word*, p. 624.

[60] BALDWIN, Joyce. *Ageu, Zacarias e Malaquias*, p. 194.

[61] BALDWIN, Joyce G. *Ageu, Zacarias e Malaquias*, p. 195.

[62] WOLF, Herbert. *Ageu e Malaquias*, p. 86.

[63] MOORE, Thomas V. *A commentary on Haggai and Malachi*, p. 128.

[64] WOLF, Herbert. *Ageu e Malaquias*, p. 90.

[65] BALDWIN, Joyce G. *Ageu, Zacarias e Malaquias*, p. 198.

[66] MOORE, Thomas V. *A commentary on Haggai and Malachi*, p. 129.

[67] MOORE, Thomas V. *A commentary on Haggai and Malachi*, p. 130.

Capítulo 4

Famílias em perigo
(Ml 2.10-16)

FAMÍLIAS EM PERIGO é um tema que está nas manchetes dos grandes jornais. Este é um tema atual, oportuno e urgente. A maior crise que estamos vivendo é a crise da família. O que é casamento? O que Deus diz sobre casamento misto? E o divórcio, como Deus o encara? Este texto tratará sobre essas questões vitais. Antes de avançarmos, precisamos definir dois importantes parâmetros.

Primeiro, *a teologia determina a vida.* Os sacerdotes deixaram de ensinar a Palavra e o povo se corrompeu. Práticas erradas são fruto de princípios errados. Eles estavam lidando de forma errada uns com os outros, porque estavam lidando de forma errada com Deus.

Segundo, *a família determina a igreja*. Os casamentos mistos estavam ameaçando a teocracia judaica, a integridade espiritual da nação, e o divórcio estava colocando em risco a integridade das famílias. O abandono do cônjuge estava ameaçando o desmoronamento do lar em Israel. Famílias desestruturadas e quebradas desembocam em igrejas fragilizadas.

O casamento é uma aliança de amor (2.14)

E perguntais: Por quê? Porque o Senhor foi testemunha da aliança entre ti e a mulher da tua mocidade, com a qual tu foste desleal, sendo ela a tua companheira e a mulher da tua aliança (2.14).

Malaquias, no versículo 14, trata de dois pontos fundamentais sobre o casamento:

Em primeiro lugar, ele fala sobre *os limites da aliança conjugal*. Quatro verdades são ressaltadas aqui. Primeira, o casamento é uma união heterossexual (2.14). É a união entre um homem e uma mulher. Este é o princípio da criação, conforme Gênesis 2.24: "Por isso, deixa o homem seu pai e sua mãe, se une à sua mulher, tornando-se os dois uma só carne". Essa verdade é basilar e pivotal. Está aqui o alicerce da relação conjugal, o princípio que deve reger todo e qualquer relacionamento matrimonial, em todos os lugares, em todas as culturas, em todos os tempos. Depreendemos, portanto, que a união homossexual é algo estranho ao princípio divino. O ensino bíblico é claro: "Com homem não te deitarás, como se fosse mulher; é abominação" (Lv 18.22). O apóstolo Paulo diz que a união homossexual é um erro, uma torpeza, uma paixão infame contrária à natureza (Rm 1.24-28). O homossexualismo não pode cumprir o propósito de Deus para a família. Além de ser eticamente condenado pelas Escrituras, a prática homossexual não pode gerar filhos nem criá-los segundo os padrões da sã doutrina e da ética sustentável. A união homossexual não pode ser vista como uma união de amor, mas como uma paixão infame. O amor procede de Deus, mas o pecado é uma ofensa a Deus. O homossexualismo corrompe os valores morais e traz o juízo de Deus. Vemos com perplexidade a espantosa apologia que se faz hoje do homossexualismo. Em alguns países, a união homossexual já foi legalizada. Todavia, por mais popular que essa prática possa ser, ela sempre será vista como coisa abominável aos olhos de Deus. Os costumes mudam, mas Deus não. Os homens, na sua miopia espiritual e torpeza moral, podem justificar e sancionar o homossexualismo e até mesmo validá-lo pela lei civil, mas a eterna Palavra de Deus sempre condenará essa prática como um terrível mal, capaz de provocar a santa ira de Deus.

A segunda verdade destacada por Malaquias é que o casamento é uma união monogâmica (2.14). O casamento é a união entre um homem e uma mulher. A monogamia foi instituída na criação, sancionada na lei, reafirmada na graça. A incidência da poligamia no Antigo Testamento foi fruto da desobediência e trouxe graves conseqüências. Warren Wiersbe diz que casamentos homossexuais ou outras variantes são frontalmente contrários à vontade de Deus, não importa o quanto os psicólogos, ativistas sociais ou juristas e legisladores digam o contrário.[68] Apesar de muitos homens de Deus no Antigo Testamento terem praticado a poligamia, o propósito original de Deus quanto ao casamento jamais foi alterado. A monogamia é o padrão de Deus para a humanidade em todas as gerações. O apóstolo Paulo afirma: "Cada um [singular] tenha a sua própria esposa, e cada uma [singular], o seu próprio marido" (1Co 7.2).

Norman Geisler diz que há muitos argumentos contra a poligamia no Antigo Testamento. Primeiro, a monogamia foi ensinada por precedência, ou seja, Deus deu a Adão apenas uma mulher e a Eva apenas um homem. Esse princípio deve reger toda a humanidade em todos os tempos. Segundo, a monogamia foi ensinada por preceito. Deus falou a Moisés: "Tampouco para si multiplicará mulheres" (Dt 17.17). Terceiro, a monogamia foi ensinada como um preceito moral contra o adultério. Assim diz a lei de Deus: "Não cobiçarás[...] a mulher do teu próximo [singular]" (Êx 20.17). Quarto, a monogamia foi ensinada através das severas conseqüências decorrentes da poligamia. Todas as pessoas que praticaram a poligamia no Antigo Testamento sofreram amargamente por isso. Salomão é um clássico exemplo (1Rs 11.4).[69]

A terceira verdade que Malaquias destaca é que o casamento é uma união monossomática (2.14). O sexo no casamento é ordem, é bom, é santo, é puro, é deleitoso. A união conjugal é a mais próxima e íntima relação de todo relacionamento humano. A união entre marido e mulher é mais estreita do que a relação entre pais e filhos. Os filhos de um homem são parte dele mesmo, mas sua esposa é ele mesmo. O apóstolo Paulo diz que quem ama a sua esposa a si mesmo se ama (Ef 5.28). João Calvino afirma que o vínculo do casamento é mais sagrado que o vínculo que prende os filhos aos seus pais. Nada, a não ser a morte, deve separá-los.[70] O casamento é uma aliança em que deve existir lealdade e fidelidade. A infidelidade conjugal atenta contra a santidade dessa aliança. O cônjuge precisa ser um jardim fechado, uma fonte reclusa.

A quarta verdade digna de destaque é que o casamento é uma união indissolúvel (2.14). O casamento deve ser para toda a vida. No projeto de Deus, o casamento é indissolúvel. Ninguém tem autoridade para separar o que Deus, uniu. Marido e mulher devem estar juntos na alegria e na tristeza, na saúde e na doença, na prosperidade e na adversidade. Só a morte pode separá-los (Rm 7.2; 1Co 7.39). A quebra da aliança conjugal é deslealdade. Jesus claramente afirmou: "o que Deus uniu não o separe o homem" (Mt 19.6).

Em segundo lugar, Malaquias fala sobre *a natureza da aliança conjugal*. Três verdades fundamentais são aqui ressaltadas sobre a natureza da aliança conjugal. Primeira, o casamento é uma aliança voluntária de amor entre um homem e uma mulher (2.14). O casamento não é compulsório, antes é uma escolha voluntária. Ninguém obriga duas pessoas a se casarem. Quando elas se unem nessa aliança, devotam amor um ao outro. Elas aceitam entrar debaixo do mesmo jugo. Elas fazem uma aliança, um pacto de pertencerem um ao outro, de cuidarem um do outro, de serem fiéis um ao outro. O casamento é um pacto (Pv 2.17). A Bíblia exorta o marido a alegrar-se com a mulher da sua mocidade (Pv 5.18).

A segunda verdade sobre a natureza do casamento é que ele é uma aliança de companheirismo (2.14). O casamento não foi criado para os cônjuges competirem, mas para cooperarem. Eles devem cuidar um do outro, como cuidam de si mesmos. Eles são companheiros, ou sejam, devem estar juntos na alegria e na tristeza, na saúde e na doença, na prosperidade e na adversidade. Rubem Alves, educador e professor emérito da Unicamp, ilustra bem a questão da rivalidade no casamento. Em sua crônica *Tênis e frescobol,* ele pinta um quadro sugestivo das tensões no casamento. Diz ele que existem dois tipos de casamento: o casamento tipo tênis e o casamento tipo frescobol. O casamento tipo tênis é uma fonte de raiva e ressentimentos e geralmente termina mal. O casamento tipo frescobol é uma fonte de alegria e tem grandes chances de ter uma vida longa. Tênis é um jogo agressivo. O objetivo do jogo é derrotar o adversário, e a derrota se evidencia quando o adversário erra, isto é, não é capaz de devolver a bola. Assim, a pessoa joga para fazer o outro errar. O bom jogador é aquele que tem a exata noção do ponto fraco do seu adversário, e é justamente para esse ponto que ele vai dirigir a sua cortada. O prazer do tênis está em colocar o adversário fora do jogo, por não ter mais condições de continuar jogando. No fim, sempre vemos a alegria de um e a tristeza do outro.

Frescobol é bastante parecido com tênis: dois jogadores, duas raquetes e uma bola. Só que, para que o jogo seja bom, é preciso que nenhum dos dois perca. Se um jogador envia a bola meio torta, o outro sabe que não é de propósito e faz o maior esforço do mundo para fazer uma boa devolução, de forma que o outro possa alcançá-la. Não há adversário nesse jogo, porque nenhum dos jogadores sai derrotado: ou os dois ganham, ou ninguém ganha. Ninguém fica feliz quando o outro erra. O erro no frescobol é um acidente lamentável, que não deveria ter acontecido. O jogador que errou pede desculpas, e o que provocou o erro se sente culpado. Mas isso não é importante, pois eles reiniciam o jogo sem nenhum problema, já que ninguém marca pontos. Alguns casamentos são como uma partida de tênis, outros como um jogo de frescobol. O casamento deve ser como um jogo de frescobol e não como um jogo de tênis.

A terceira verdade sobre a natureza do casamento é que ele é uma aliança testemunhada por Deus (2.14). Deus é o arquiteto, o fundamento e o sustentador do casamento. Ele está presente como a testemunha principal. O casamento foi instituído por Ele e é feito na presença Dele. Em toda cerimônia de casamento, é costume os nubentes convidarem testemunhas. Muitas vezes essa prática não passa de uma convenção social. Essas pessoas ilustres, acabada a cerimônia, voltam à sua rotina e não mais acompanham a vida do casal. Todavia, Deus é uma testemunha sempre presente. Nada acontece no relacionamento conjugal sem que Ele saiba. Ele vela pelos cônjuges, reprova a infidelidade e odeia o divórcio.

O casamento misto é uma violação do propósito de Deus (2.10-12)

Não temos nós todos o mesmo Pai? Não nos criou o mesmo Deus? Por que seremos desleais uns para com os outros, profanando a aliança de nossos pais? Judá tem sido desleal, e abominação se tem cometido em Israel e em Jerusalém; porque Judá profanou o santuário do Senhor, o qual ele ama, e se casou com adoradora de deus estranho. O Senhor eliminará das tendas de Jacó o homem que fizer tal, seja quem for, e o que apresenta ofertas ao Senhor dos Exércitos (2.10-12).

O profeta Malaquias elenca quatro fortes razões para provar que o casamento misto conspira contra o propósito de Deus.

Em primeiro lugar, *o casamento misto é uma deslealdade à paternidade de Deus* (2.10). Deus é o Pai do Seu povo de uma forma especial (1.6). Ele fez Israel o povo de Sua possessão. Deus chamou Israel para ser o Seu povo particular (Os 11.1).

Nós pertencemos à família de Deus, fomos adotados por Deus e também gerados pelo Espírito de Deus. Somos co-participantes da natureza divina (2Pe 1.4). Deus fez conosco uma aliança de ser o nosso Deus e sermos o Seu povo para sempre. Ele requer de nós fidelidade.

O casamento misto, porém, leva à idolatria e à adoração de outros deuses. Joyce Baldwin disse que o casamento com pessoas não judias estava ameaçando a sobrevivência da fé da aliança (2.10,11; Ed 9.1,2; Ne 13.1-3).[71] Ele era uma espécie de infidelidade conjugal com o Deus da aliança. Era uma traição e uma quebra da aliança (Êx 34.11-16; Nm 25; Nm 13.23-29). O apóstolo Paulo pergunta: "Que harmonia, entre Cristo e o Maligno? Ou que união, do crente com o incrédulo? Que ligação há entre o santuário de Deus e os ídolos?" (2Co 6.15,16).

O casamento misto era uma porta de entrada para o desvio da fé. Foi assim na geração antediluviana. A decadência da geração antediluviana foi devido ao casamento entre os filhos de Deus com as filhas dos homens, ou seja, de uma geração piedosa com uma geração que não temia a Deus. Foi assim também entre a geração que possuiu a Terra Prometida. Conforme Números 25, o relacionamento com as jovens moabitas preparou o caminho para a idolatria. Os casamentos mistos foram o fator principal da apostasia religiosa de Israel. Salomão e Acabe são exemplos tristes desse fato. De igual modo, aconteceu com a geração pós-cativeiro. O casamento misto foi duramente reprovado por Esdras (Ed 9.1,2), Neemias (Ne 10.30; 13.23-27) e Malaquias (Ml 2.10-16).

Em segundo lugar, *o casamento misto é a quebra da aliança feita pelos pais* (2.10). Quando o povo recebeu a lei de Deus no Sinai, ele prometeu a Deus que não daria seus filhos ou suas filhas em casamento aos adoradores de outros deuses (Êx 34.16; Dt 7.3). A questão não era os casamentos inter-raciais, mas a união com adoradores de deuses estranhos (2.11). O problema não era racial, mas religioso, pois a Bíblia menciona o casamento de Boaz com Rute, uma moabita. Embora estrangeira, ela foi convertida ao Deus de Israel e tornou-se membro da árvore genealógica de Cristo (Mt 1.5). Hoje, quando uma pessoa crente se casa com alguém não nascido de novo, está quebrando esse preceito bíblico (1Co 7.39; 2Co 6.14-17).

Em terceiro lugar, *o casamento misto implica em infidelidade a Deus* (2.11). Três são as razões que provam esse ponto. A primeira razão é que o casamento misto atenta contra o propósito da família de viver para a glória de Deus. A família deve ser a escola da vida conforme os preceitos do Eterno. É no lar que devemos aprender a amar a Deus e a obedecê-Lo (Dt 11.19). A vida cristã deve ser vivida exclusivamente para a glória de Deus. O casamento deve ser uma demonstração do casamento de Cristo com a Igreja. O lar precisa ser uma igreja santa, adorando ao Deus santo. Uma casa dividida não pode prevalecer. O profeta Amós pergunta: "Andarão dois juntos se não houver entre eles acordo?" (Am 3.3).

A segunda razão é que o casamento misto conspira contra a criação dos filhos no temor do Senhor (2.15). Um casamento misto tem grandes dificuldades na criação dos filhos. Ele constitui-se num sério obstáculo à criação dos filhos na disciplina e admoestação do Senhor (Ef 6.4). Os filhos passam a falar meio asdodita (Ne 13.24). Uma casa dividida não pode manter-se em pé. Os filhos que nascem e crescem num contexto de casamento misto são puxados de um lado para o outro, ouvindo ensinos contraditórios, com exemplos contraditórios. As maiores vítimas do casamento misto são os filhos.

A terceira razão é que o casamento misto é uma declarada desobediência ao mandamento de Deus (2.11). Tanto no Antigo quanto no Novo Testamento não encontramos amparo para o casamento misto. Ele não é a vontade de Deus para o Seu povo (Dt 7.3,4; 2Co 6.14-17).

Em quarto lugar, *o casamento misto é um alvo certo do juízo de Deus* (2.12). A desobediência traz juízo. Deus não premia a desobediência. As conseqüências podem ser amargas para aqueles que entram na contramão da vontade de Deus. A linguagem faz lembrar o juízo que atingiu Eli, cuja família foi eliminada do sacerdócio por causa da sua negligência e por causa das maldades cometidas por seus dois filhos (1Sm 2.29-35).

O divórcio é uma quebra da aliança conjugal (2.13-16)

Ainda fazeis isto: cobris o altar do Senhor de lágrimas, de choro e de gemidos, de sorte que ele já não olha para a oferta, nem a aceita com prazer da vossa mão. E perguntais: Por quê? Porque o Senhor foi testemunha da aliança entre ti e a mulher da tua mocidade, com a qual tu foste desleal, sendo ela a tua companheira e a mulher da tua aliança. Não fez o Senhor um, mesmo que havendo nele um pouco de espírito? E por que somente um? Ele buscava a descendência que prometera. Portanto, cuidai de vós mesmos, e ninguém seja infiel para com a mulher da sua mocidade. Porque o Senhor, Deus de Israel, diz que odeia o repúdio e também aquele que cobre de violência as suas vestes, diz o Senhor dos Exércitos; portanto, cuidai de vós mesmos e não sejais infiéis (2.13-16).

Três verdades solenes são acentuadas por Malaquias acerca do divórcio:

Em primeiro lugar, *a natureza do divórcio*. O profeta destaca três fatos sobre a natureza do divórcio. Primeiro, o divórcio não foi instituído por Deus (2.16). Deus regulamentou o divórcio, mas não o instituiu. Jay Adams diz que o divórcio é uma inovação humana.[72] Deus instituiu o casamento e não o divórcio. O casamento é fruto do coração amoroso de Deus, o divórcio é fruto do coração endurecido do homem. Edward Dobson afirma que a permissão para o divórcio presente na lei mosaica (Dt 24.1-4) era para proteger a esposa de um marido mau e não uma autorização para ele se divorciar dela por qualquer motivo.[73] John Murray, em seu precioso livro *Divorce,* é enfático em dizer que na interpretação de Jesus, o divórcio não é uma ordenança e sim uma permissão (Mt 19.3-9).[74]

Segundo, o divórcio não é da vontade de Deus (2.16). Embora o divórcio seja permitido em caso de infidelidade e abandono, ele não é obrigatório. Melhor que o divórcio é o perdão e a restauração. O divórcio é uma evidência clara de pecado, o pecado da dureza de coração, diz D. A. Carson.[75] Malaquias é enfático: Deus odeia o divórcio (2.16)! Matthew Henry, conhecido intérprete das Escrituras, diz que homem nenhum tem autoridade para separar o que Deus uniu: nem marido, nem esposa, nem juiz, nem o sacerdote religioso.[76]

Terceiro, o divórcio é a quebra de uma aliança feita na presença de Deus (2.14,15). O divórcio é a apostasia do amor. É rejeitar alguém que um dia foi desejado. É descumprir com promessas feitas na presença de Deus. Malaquias diz que o divórcio é a quebra da aliança com a mulher da mocidade (2.14,15); com a companheira (2.14) e com a mulher da aliança (2.14). O divórcio, diz Dionísio Pape, é perjúrio abominável.[77]

Em segundo lugar, *a causa do divórcio*. Duas são as causas apontadas pelo profeta. A primeira causa do divórcio é a falta de cuidado de si e do cônjuge (2.15,16). O casamento é como uma conta bancária, se sacarmos mais que depositamos, vamos à falência. Se investíssemos mais no casamento, teríamos menos divórcios (Mt 19.3-9). Quem ama o cônjuge, a si mesmo se ama (Ef 5.28). Quais são os cuidados que precisamos ter? Andar em sintonia com Deus e Sua Palavra; não deixar o casamento cair na rotina; não guardar mágoa; não se descuidar da comunicação; suprir as necessidades emocionais e sexuais do cônjuge; administrar sabiamente a questão financeira. A segunda causa do divórcio é a falta de bom senso: "Ninguém com um resto de bom senso o faria. Mas que fez um patriarca? Buscava descendência prometida por Deus" (2.15). Alguns estudiosos vêem aqui o divórcio de Abraão. Mas creio que o texto fala da criação. O assunto do contexto é divórcio. Daí, a exortação do profeta: "Portanto, cuidai de vós mesmos, e ninguém seja infiel para com a mulher da sua mocidade". Antes de divorciar, uma pessoa precisa ter bom senso para pensar nas conseqüências: conseqüências espirituais, emocionais e econômicas; conseqüências para os filhos, para a igreja e para a sociedade.

Em terceiro lugar, *as conseqüências do divórcio*. O divórcio não é indolor. Dale Galloway disse que o divórcio é a mais destrutiva das crises emocionais; ele é uma dor que corta como faca.[78] Ele é um ato de violência contra o cônjuge e contra os filhos. A violência psicológica e emocional precede ao divórcio. O divórcio é desinstalador, é como um terremoto, provoca grandes estragos. O divórcio é o

Famílias em perigo

colapso dos sonhos, o naufrágio da esperança e a desistência deliberada de uma aliança firmada na presença de Deus. Quais são as conseqüências do divórcio apontadas pelo profeta Malaquias?

A primeira conseqüência do divórcio é que ele provoca profunda dor na pessoa abandonada (2.13). Esse choro era dos homens que se chegavam a Deus sem ter suas orações respondidas e também das mulheres abandonadas. Os judeus choravam e gemiam no culto (2.13), mas o chorar não salva, pois Deus quer a obediência da fé.[79] Quando as esposas abandonadas iam ao altar e derramavam suas lágrimas, isso tocava o coração de Deus a ponto de Ele não aceitar as orações dos maridos que as abandonavam. O divórcio, às vezes, dói mais do que o luto para o cônjuge abandonado e para os filhos órfãos de pais vivos. A psicóloga Diane Medved afirma que alguns casais chegaram à conclusão de que o divórcio é mais perigoso e destrutivo do que tentar permanecer juntos.[80]

A segunda conseqüência do divórcio é que ele traz graves problemas para os filhos (2.15). A poligamia e o divórcio não são compatíveis com a criação de filhos no temor de Deus.[81] E, em última instância, essas práticas não eram proveitosas para obter a semente piedosa na árvore genealógica do Messias prometido. Ninguém poderia divorciar-se, casando-se com uma idólatra e ainda esperar uma santa posteridade atrás de si. Uma pesquisa de âmbito nacional entrevistou dezessete mil filhos divorciados com até dezessete anos de idade, e chegou aos seguintes resultados:

1) Filhos que vivem com a mãe e o padrasto, ou com a mãe divorciada, têm um risco de 20% a 30% maior de sofrer acidentes graves.

2) Filhos que vivem apenas com a mãe como cabeça do lar são 50% mais susceptíveis a doenças psicossomáticas.

3) Filhos que vivem com a mãe como cabeça do lar, ou com a mãe e o padrasto, têm uma tendência 40% a 70% maior de repetir de ano na escola.

4) Filhos oriundos de casamentos quebrados são responsáveis por mais de 70% dos casos de suspensão ou expulsão escolar.[82]

A terceira conseqüência do divórcio é que ele provoca uma crise espiritual e uma quebra da comunhão com Deus na vida da pessoa que abandona seu cônjuge (2.13b). Os contemporâneos de Malaquias estavam subestimando o pecado do divórcio (2.13). Eles choravam, mas não obedeciam. Quando Deus não aceita o ofertante, Ele rejeita a oferta. No primeiro capítulo de Malaquias, Deus recusa-se a aceitar os sacrifícios porque os animais eram defeituosos (1.8,10,13); agora, Deus os rejeita por causa do divórcio dos ofertantes.[83] A Bíblia diz que se há iniqüidade no coração, Deus não ouve as orações (Sl 66.18). O apóstolo Pedro diz que se o marido não vive a vida comum do lar, suas orações são interrompidas (1Pe 3.7). Deus não aceita o culto desses homens porque Ele não aceita a quebra da aliança conjugal deles.

É comum algumas pessoas usarem artifícios para driblarem a própria consciência buscando justificativas para o divórcio. Algumas pessoas dizem: "eu vou me divorciar, porque meu casamento não foi Deus quem fez"; outros dizem: "eu vou me divorciar, porque eu não consultei a Deus para me casar". Há aqueles que, simplesmente dizem: "Eu vou me divorciar porque não amo mais o meu cônjuge ou encontrei uma pessoa mais interessante". Multiplicam-se os motivos que levam às pessoas ao divórcio. É importante ressaltar que Deus comparece a todo casamento como testemunha.

Quando duas pessoas se casam, mesmo que elas não tenham buscado a Deus, o Senhor ratifica a aliança. O quebrar dessa aliança é um perjúrio às promessas firmadas diante de Deus. Josué firmou uma aliança com os gibeonitas sem consultar a Deus. Eles dissimularam e mentiram para Josué. Este, apressadamente firmou com eles um pacto e Deus ratificou esse acordo (Js 9). Trezentos anos depois, o rei Saul violou aquela aliança e um juízo divino veio sobre a nação. Mesmo quando não levamos a aliança que fazemos a sério, Deus leva.

A quarta conseqüência do divórcio é que ele provoca o repúdio de Deus (2.16). Deus odeia o divórcio e repudia aquele que age com violência com o cônjuge abandonado. Para Deus, o divórcio é como cobrir de violência as suas vestes. De fato, toda vítima do divórcio é violentada psicologicamente. Os golpes psicológicos precedem à separação física. O divórcio não é algo de somenos para Deus. Numa época em que o divórcio campeia tão célere, precisamos inclinar os ouvidos a estas solenes palavras de Deus!

Concluindo, precisamos reafirmar que o povo de Deus, aliançado com Ele, não deve entrar em aliança com aqueles que não pertencem à família de Deus.

Precisamos, ainda, afirmar que o clamor dos feridos é mais alto aos ouvidos de Deus do que as orações daqueles que ferem. As lágrimas dos oprimidos são mais preciosas para Deus do que as ofertas daqueles que oprimem.

Precisamos, de igual forma, dizer que Deus é a testemunha de toda cerimônia de casamento, e também será a testemunha de toda violação desses votos.

Finalmente, precisamos alertar que o pecado do divórcio é uma coisa abominável que Deus odeia sempre.

MALAQUIAS – A Igreja no tribunal de Deus

NOTAS DO CAPÍTULO 4

[68] WIERSBE, Warren. *The Bible exposition commentary*. Vol. 1. Colorado Springs: Chariot Victor Publishing, 1989, p. 69.

[69] GEISLER, Norman. *Christian ethics: Options and issues*. Grand Rapids: Baker Book House, 2000, p. 281.

[70] CALVIN, John. *Harmony of Matthew, Mark, and Luke – Calvin's commentaries*. Vol. XVI. Grand Rapids: Baker Book House, 1979, p. 379.

[71] BALDWIN, Joyce G. *Ageu, Zacarias e Malaquias*, p. 178.

*[NR] O autor, conforme se depreende da referência bíblica, alude ao fato dos filhos oriundos dos casamentos de israelitas com mulheres dos povos pagãos falarem um idioma misto. Esse fato ilustra o que acontece com os filhos de crentes com incrédulos: trata-se de crianças que apresentam comportamento e princípios mundanos mesclados com princípios cristãos.

[72] ADAMS, Jay. *Marriage, divorce, and remarriage in the Bible*. Grand Rapids: Zondervan, 1980, p. 27.

[73] DOBSON, Edward G. *The complete Bible commentary*. Nashville: Thomas Nelson Publishers, 1999, p. 1212.

[74] MURRAY, John. *Divorce*. Phillipsburg: Presbyterian and Reformed Publishing Company, 1961, p. 32.

[75] CARSON, D. A. *Matthew*. In Zondervan NIV Bible commentary. Vol. 2 por Kenneth L. Barker & John R. Kollenberger III. Grand Rapids: Zondervan, 1994, p. 88.

[76] HENRY, Matthew. *Matthew to John*. Vol. V. New York: Fleming R. Revell Company, p. 269.

[77] PAPE, Dionísio. *Justiça e esperança para hoje*, p. 133.

[78] GALLOWAY, Dale. *Reconstrua sua vida*. Campinas: Casa Nazarena de Publicações, 2004, p. 9.

[79] PAPE, Dionísio. *Justiça e esperança para hoje*, p. 133.

[80] MEDVED, Diane. *The case against divorce*. New York: Donald I. Fine, 1989, p. 1-2.

[81] FEINBERG, Charles. *Os profetas menores*, p. 338.

[82] OTTEN, Alan. *Baby boomer people: make less, but make do*. In Wall Street Journal, 1990: 5 July.

[83] WOLF, Herbert. *Ageu e Malaquias*, p. 95.

Capítulo 5

Deus no banco dos réus

(Ml 2.17–3.1-5)

O CENÁRIO DESTE TEXTO é de um julgamento. Quatro fatos podem ser constatados. Primeiro, um tribunal é estabelecido. O livro de Malaquias trata de sete audiências. Deus fala, o povo faz a réplica e Deus a tréplica. Segundo, uma acusação é formalizada. A acusação contra Deus é de que Ele não é ético: não apenas deixando de premiar o bem, mas comprazendo-se no mal. Terceiro, uma defesa é feita. Deus sai do banco dos réus e prova que a acusação contra Ele é falsa e apresenta-se como testemunha e juiz para condenar os impenitentes. Quarto, uma sentença é lavrada. Deus julga o impenitente, mas restaura o Seu povo.

Os acusadores de Deus (2.17)

Enfadais o Senhor com vossas palavras; e ainda dizeis: Em que o enfadamos? Nisto, que pensais: Qualquer que faz o mal passa por bom aos olhos do Senhor, e desses é que ele se agrada; ou: Onde está o Deus do juízo? (2.17).

Os acusadores podem ser descritos de três maneiras.

Em primeiro lugar, *os acusadores de Deus são ingratos.* Os acusadores não são procedentes de nações pagãs. Eles não são estranhos à aliança da promessa, mas são o próprio povo de Deus. Os acusadores são aqueles a quem Deus tem amado, protegido, libertado. Os acusadores são aqueles que deveriam estar adorando a Deus em santidade de vida, mas estão se insurgindo contra Ele, levantando acusações falsas, torcendo a verdade e disseminando o erro. A pergunta deles queria dizer: "Onde está a prova de que existe a mão divina dirigindo os negócios humanos?".

Em segundo lugar, *os acusadores de Deus são insensíveis.* Eles estão enfadando a Deus com suas palavras e com os seus pecados, mas não sabem que estão enfadando a Deus. Eles falam e agem contra Deus, mas não têm percepção disso. Estão anestesiados, cauterizados e insensíveis.

Em terceiro lugar, *os acusadores de Deus são pessoas equivocadas.* Eles tinham uma idéia completamente falsa de sua missão. O judeus sempre achavam que o Messias estaria do seu lado contra os inimigos pagãos.[84] Esperavam que Deus viesse destruir as potências dos gentios e restaurar o poder de Israel, mas não estavam preparados para a obra que Ele realizaria na purificação dos judeus. Eles esperavam que com a reconstrução do segundo templo, fatos milagrosos acontecessem como aconteceu com o primeiro templo. Eles esperavam que com o retorno da Babilônia, Deus enviasse o Seu Messias para quebrar o poder do jugo estrangeiro e fizesse deles, judeus, uma nação poderosa. Eles tinham expectativas claras de que Deus os exaltaria aos olhos das nações, mas ainda estavam sob o jugo estrangeiro, enquanto os pagãos se fortaleciam. Eles tinham a expectativa de um Messias político, guerreiro. Eles esperavam que Deus os exaltasse, mesmo em seus pecados.

A acusação contra Deus (2.17)

Os acusadores usaram dois argumentos para atacar a Deus.

Em primeiro lugar, *Deus é acusado de ser passivo diante do que acontece no mundo* (2.17). O ponto nevrálgico dessa acusação é a surrada questão da prosperidade do ímpio. Este questionamento não era novo. Por que um homem que leva uma vida séria e decente, cumpre com os seus deveres e paga os impostos devidos está sempre marcando passo? Já o outro que é corrupto, que vive burlando as leis, roubando, corrompendo e maquinando contra o próximo, prospera? Asafe, no salmo 73, expôs sua profunda crise espiritual ao ver a prosperidade do ímpio, enquanto ele, sendo fiel a Deus, passava por duras provações. A pergunta dele era: por que os ímpios prosperam e ele a cada manhã era castigado? Depois da sua angústia, Asafe afirma: "Até que entrei no santuário de Deus, e atinei com o fim deles" (Sl 73.17). O profeta Jeremias também fez esse questionamento: "Justo és, ó Senhor, quando entro contigo num pleito; contudo, falarei contigo dos teus juízos. Por que prospera o caminho dos perversos, e vivem em paz todos os que procedem perfidamente?" (Jr 12.1). O profeta Habacuque, no auge da sua angústia, clama a

Deus, e diz: "Até quando, Senhor, clamarei eu, e tu não me responderás? Gritar-te-ei: Violência! E não salvarás? [...] Por esta causa, a lei se afrouxa, e a justiça nunca se manifesta, porque o perverso cerca o justo, a justiça é torcida" (Hc 1.2-4). Na mesma linha de raciocínio, o profeta Sofonias, expressou o que as pessoas do seu tempo cogitavam: "O Senhor não faz bem, nem faz mal" (Sf 1.12). Agora, o profeta Malaquias externa o pensamento dos acusadores de Deus: "Qualquer que faz o mal passa por bom aos olhos do Senhor, e desses é que ele se agrada; ou: Onde está o Deus do juízo?" (3.17).

Essa é a grande questão levantada pelos filósofos, pensadores e céticos. Se Deus existe, se Ele é bom, se é onipotente, por que permite calamidades naturais como o tsunami que arrastou numa torrente de lama milhares de pessoas indefesas? Por que Deus permite que furacões inundem cidades inteiras matando tantas pessoas indefesas? Por que os ricos se embriagam bebendo vinho de vinte mil reais a garrafa, enquanto pessoas morrem de fome ante os seus olhos sem receberem sequer uma mísera esmola? Se Deus é bom, porque a injustiça social é tão perversa e selvagem no mundo? Se Deus é onipotente por que Ele não freia essa avalanche de imoralidade que arrasta a sociedade contemporânea para um mar de lama? Os acusadores de Deus estufam o peito, erguem a voz e com insolência atiram suas flechas envenenadas contra o Altíssimo.

Em segundo lugar, *Deus é acusado de ser parcial e imoral em Seus julgamentos* (2.17). Os acusadores estão fazendo três pesadas acusações contra Deus. A primeira delas é impunidade no julgamento: "Qualquer que faz o mal passa por bom aos olhos do Senhor" (2.17). Eles acusam Deus veladamente de não recompensar o bem, mas de premiar o mal. A segunda acusação é corrupção no caráter: "[...]e desses é que ele se agrada" (2.17). Eles atacam o caráter santo de Deus. Eles acusam Deus de deleitar-se no pecado e agradar-se do pecador. A terceira acusação é inatividade na providência: "Onde está o Deus do juízo?" (2.17). Acusam Deus de ser omisso na História, de ser lerdo nas intervenções. Mas, eles é que eram cegos. Deus agiu no dilúvio, em Sodoma, no cativeiro babilônico. Deus age hoje e agirá no futuro.

A defesa de Deus (3.1-5)

Eis que eu envio o meu mensageiro, que preparará o caminho diante de mim; de repente, virá ao seu templo o Senhor, a quem vós buscais, o Anjo da Aliança, a quem vós desejais; eis que ele vem, diz o Senhor dos Exércitos. Mas quem poderá suportar o dia da sua vinda? E quem poderá subsistir quando ele aparecer? Porque ele é como o fogo do ouvires e como a potassa dos lavandeiros. Assentar-se-á como derretedor e purificador de prata; purificará os filhos de Levi e os refinará como ouro e como prata; eles trarão ao Senhor justas ofertas. Então, a oferta de Judá e de Jerusalém será agradável ao Senhor, como nos dias antigos e como nos primeiros anos. Chegar-me-ei a vós outros para juízo; serei testemunha veloz contra os feiticeiros, e contra os adúlteros, e contra os que juram falsamente, e contra os que defraudam o salário do jornaleiro, e oprimem a viúva e o órfão, e torcem o direito do estrangeiro, e não me temem, diz o Senhor dos Exércitos (3.1-5).

Todas as acusações contra Deus eram falsas. Emanaram de pessoas ingratas, corrompidas e equivocadas. Deus é santo, tem o controle da História e manifestará o Seu julgamento contra aqueles que pervertem a Sua lei. Diante da pergunta: "Onde está o Deus do juízo?" o Senhor responde: O Deus do juízo virá. Malaquias fala da primeira e da segunda vinda de Cristo ao mesmo tempo. Como Ele virá? Vários argumentos são usados aqui, nessa defesa do Deus do juízo.

Em primeiro lugar, o *Deus do juízo virá certamente* (3.1). Deus está com as rédeas da História nas mãos. Pode parecer que os grandes impérios é que estão no controle, que os poderosos é que dirigem a História. Mas Deus é quem está assentado no trono. Ele é quem governa. Ele levanta reis e abate reis. Ele virá para estabelecer o seu Reino de justiça! Thomas V. Moore diz que nós devemos olhar para Cristo como o verdadeiro Deus, confiar Nele e adorá-Lo. Ele foi chamado o Anjo do Senhor, o Anjo da presença e o Anjo da aliança, que apareceu a Abraão em Manre (Gn 18.1,2,16; 19.1). Ali também Ele foi chamado Jeová. Ele apareceu a Jacó em Betel (Gn 31.11; 48.15); apareceu a Moisés na sarça ardente (Êx 3.2,4,6). Ele foi adiante dos israelitas no deserto em glória (Êx 14.19). Ele entregou a lei no Sinai (At 7.28). Ele conduziu o povo pelo deserto (Is 63.7,9). Ele foi prometido como aquele que faz a nova aliança (Jr 31.31). Ele foi predito por intermédio do profeta Malaquias (3.1). Esse Anjo da aliança é chamado pelo evangelista Marcos de Jesus Cristo, Filho de Deus (Mc 1.1,2).[85]

Em segundo lugar, o *Deus do juízo virá inesperadamente* (3.1). Ele virá repentinamente. Quando Ele veio, Herodes não o esperava e toda a Judéia ficou turbada. Quando Ele vier na Sua segunda vinda, virá como o ladrão, inesperadamente. Sua vinda será como nos dias de Noé: as pessoas estarão cuidando de seus próprios interesses e não se aperceberão quando

Ele chegar. Thomas Moore diz que não é suficiente apenas desejar a vinda de Cristo. Muitos a esperaram, mas quando Ele chegou, Sua vinda foi uma esmagadora manifestação da ira (3.1).[86] A segunda vinda de Cristo será dia de trevas e não de luz para aqueles que vivem desapercebidamente. Aquele dia os encontrará despreparados e então será tarde demais para buscarem a Deus.

Em terceiro lugar, o *Deus do juízo virá oportunamente* (3.1). O Senhor enviará o Seu mensageiro para preparar o caminho (Is 40.3). João Batista veio como precursor. Seu ministério foi aterrar os vales, nivelar os montes, endireitar os caminhos tortos e aplainar os caminhos escabrosos. Malaquias diz que antes do dia do Senhor viria o profeta Elias (4.5). Mateus 11.14 diz que João Batista é o Elias. Os espíritas pensam que João Batista foi uma reencarnação de Elias. Mas essa tese está absolutamente equivocada, pois essa doutrina não faz parte das Escrituras, ao contrário é claramente oposta às suas revelações (Hb 9.27; Lc 16.22-31; Jó 7.9,10; 14.14). Além do mais Elias não morreu, por isso, não poderia reencarnar. Ainda, a Bíblia explica que João veio no espírito e no poder de Elias (Lc 1.17) e não como reencarnação de Elias. A identificação não é corpórea, mas de ministério. João e Elias assemelhavam-se fisicamente em suas vestimentas e hábitos, em seus ministérios, em suas mensagens, no contexto de opressão e apostasia que viveram, no poder e força do Espírito que os vocacionou.[87] Zacarias apontou para João Batista como esse mensageiro: "E tu, menino, serás chamado profeta do Altíssimo, porque irás ante a face do Senhor, a preparar os seus caminhos" (Lc 1.76). Na segunda vinda, precisamos também nos preparar. Jesus alertou sobre a necessidade de vigiarmos. A taça do juízo não é derramada antes da trombeta do alerta.

Em quarto lugar, *o Deus do juízo virá majestosamente* (3.2). Eles acusavam Deus de ser parcial, mas queriam um Deus parcial, alguém que viria para premiá-los e promovê-los. Eles haviam criado um deus doméstico. Mas Deus é o soberano do universo. Ele vem como juiz de toda a terra. A questão agora não é se Ele vem, mas quem poderá suportar a Sua vinda. Ele vem para perscrutar e julgar. O profeta Amós diz que o dia do Senhor será dia de trevas e não de luz para aqueles que esperam o favor de Deus, mas permanecem em seus pecados (Am 5.18-20).

Em quinto lugar, o *Deus do juízo virá para restaurar* (3.2-4). Ele é como o fogo do ourives (3.2). O propósito do ourives é purificar e não destruir. O fogo destrói a escória e purifica o ouro. Esse é um processo doloroso, mas necessário. O fato de Deus nos colocar na fornalha prova duas coisas: somos preciosos para Deus. Ele jamais iria depurar algo imprestável; somos propriedade exclusiva de Deus. O ponto a que o ourives quer chegar é olhar para o ouro puro e ver refletido nele a sua imagem.[88]

Deus é também como a potassa dos lavandeiros (3.2). A potassa era como sabão, tirava as manchas, a sujeira. O fogo purifica internamente, a potassa lava externamente.

Deus ainda é como o derretedor e purificador do Seu povo (3.3). Deus virá para fazer uma obra não apenas por nós, mas em nós. Deus quer líderes puros. Ele primeiro derrete, depois purifica. Esse é um processo difícil. Ele nos derrete e nos molda. Deus é o purificador dos filhos de Levi. Nós somos uma raça de sacerdotes. Somos adoradores. Nossa vida precisa ser íntegra, para que a nossa oferta seja aceitável. Assim, as aflições são o cadinho de Deus. Quanto mais puro o ouro, mais quente o fogo; quanto mais branca a roupa, mais intenso o uso da potassa do lavandeiro.

Quanto mais usado é um ministro, tanto mais afligido ele é. Thomas Moore diz: "Ministros que são eminentemente usados são geralmente eminentemente afligidos".[89]

Deus é o restaurador do ofertante e da oferta (3.3,4). O propósito de Deus é restaurar o adorador e a oferta. A vida precede o culto. Primeiro Deus aceita a vida, depois a oferta. Deus tem saudade do passado, do tempo que o povo lhe trazia ofertas agradáveis (Jr 2.2; Ap 2.4).

Em sexto lugar, *o Deus do juízo virá para condenar* (3.5). Deus chega para juízo e o juízo começa pela Casa de Deus. Ele chega e se apresenta como testemunha veloz não a favor, mas contra aqueles que praticam o pecado. Deus prova que a acusação contra Ele é infundada. No tribunal, Deus se levanta contra cinco classes de pessoas.

Primeiro, contra os feiticeiros. A feitiçaria e o ocultismo sempre ameaçaram a nação de Israel. Por isso, os profetas condenaram de forma tão veemente os casamentos mistos, porta de entrada do ocultismo na vida do povo. O ocultismo hoje está na moda. Moisés enfrentou os magos. Saul envolveu-se com uma médium. Pedro confrontou a bruxaria de Simão, o mágico. Envolver-se com ocultismo é envolver-se com demônios.

Segundo, contra os adúlteros. Malaquias mostrou no capítulo 2.10-16, que alguns homens estavam abandonando suas mulheres para casar com mulheres pagãs. Estavam cometendo adultério. Estamos vivendo hoje a derrocada da família. Famílias destroçadas produzem igrejas fracas. A idolatração e a banalização do sexo, o homossexualismo, a pornografia e a imoralidade estão sodomizando a cultura ocidental.

Terceiro, contra os que juram falsamente. Muitos homens estavam cometendo perjúrio, quebrando os votos conjugais. Os mentirosos não herdarão o Reino de Deus (Ap 21.8). A mentira tem procedência maligna. Muita gente já foi ferida de morte com a língua. Ela é fogo, um veneno letal.

Quarto, contra os que defraudam o salário do jornaleiro. Enriquecer com o suor do pobre, retendo com fraude o seu salário e sonegando-lhe o pão é algo grave aos olhos de Deus. O sangue do justo fala ao ouvido de Deus, bem como o salário do jornaleiro retido com fraude (Lv 19.13; Tg 5.4).

Quinto, contra os que oprimem a viúva e o órfão e torcem o direito do estrangeiro. Deus é o defensor daqueles que não têm vez nem voz.

Concluindo, podemos ver a mudança do cenário. Os acusadores agora é que estão no banco dos réus. O Deus do juízo virá, mas eles não suportarão a Sua vinda. Ele virá, mas eles serão julgados e condenados.

A causa da condenação dos réus é declarada: os acusadores de Deus tornaram-se réus condenados porque não temeram a Deus. Quando o homem perde o temor de Deus, ele perde o referencial do certo e do errado. Quando ele perde o temor de Deus ele se corrompe (Ne 5.15). A nossa geração está perdendo o temor de Deus e chafurdando em um pântano lodoso. Oh! que nos preparemos para o glorioso dia de Deus. Aquele dia será de glória indizível para os remidos, mas de trevas para os despreparados! Quando Ele "se chegar para o juízo", então, a pergunta "onde está o Deus do juízo?" será respondida![90]

Deus no banco dos réus

Notas do capítulo 5

[84] PAPE, Dionísio. *Justiça e esperança para hoje*, p. 134.

[85] MOORE, Thomas. *A commentary on Haggai and Malachi*, p. 155-156.

[86] MOORE, Thomas. *A commentary on Haggai and Malachi*, p. 156.

[87] GAGLIARDI JÚNIOR, Angelo. *Panorama do Velho Testamento*, p. 330.

[88] NEIL, J. *Everyday life in the Holy Land. Church's ministray among the jews*, p. 163.

[89] MOORE, *Thomas. A commentary on Haggai and Malachi*, p. 156.

[90] BALDWIN, Joyce G. *Ageu, Zacarias e Malaquias*, p. 205.

Capítulo 6

Um chamado à restauração
(Ml 3.6-12)

MALAQUIAS INTRODUZ esse assunto tangendo três aspectos importantes.

Primeiro, ele fala de *uma audiência conciliatória.* No capítulo anterior, o povo colocou Deus no banco dos réus. Agora, Deus é quem está chamando o povo para um tempo de restauração. A reconciliação é obra de Deus, tudo começa com Ele.

Segundo, ele fala acerca *dos termos da conciliação.* O Deus da aliança chama Seu povo amado, porém, muitas vezes rebelde, para uma volta que toca o coração e o bolso. Uma volta espiritual e também uma volta que abrange o aspecto financeiro. Quem tem o coração convertido, tem o bolso aberto. O bolso reflete o coração.

Terceiro, ele fala sobre *a necessidade da conciliação*. Se o povo voltar-se para Deus, Ele se voltará para o povo. Se o povo for fiel na devolução dos dízimos, em vez de maldição, o povo terá as janelas dos céus abertas. A escolha é entre bênção e maldição.

A restauração está fundamentada no caráter imutável de Deus (3.6)

Porque eu, o Senhor, não mudo; por isso, vós, ó filhos de Jacó, não sois consumidos (3.6).

Malaquias destaca três verdades importantes aqui, na consideração deste assunto.

Em primeiro lugar, *Deus é imutável em Seu ser*. Deus é o mesmo sempre. Ele não tem começo nem fim. É o mesmo ontem, hoje e o será para sempre. Nele não há variação nem sombra de mudança. Deus não tem picos de crise. Seu amor por nós não passa por baixas. Não podemos fazer nada para Deus nos amar mais nem deixar de fazer coisa alguma para Deus nos amar menos. Seu amor por nós é eterno, contínuo e incondicional. A causa do amor de Deus por nós está Nele mesmo.

Em segundo lugar, *Deus é imutável em relação à Sua aliança conosco*. Deus é leal ao compromisso que assume. Como filhos de Jacó, trazemos suas marcas, somos inconstantes. Contudo, ainda que sejamos infiéis, Deus não nega a si mesmo. Mesmo quando somos infiéis, Deus permanece fiel (2Tm 2.13). Ele prometeu ser o nosso Deus para sempre. Ele prometeu nunca nos abandonar. Ele nos disciplina e nos corrige, mas jamais nos destrói.

Em terceiro lugar, *a imutabilidade de Deus é a nossa segurança*. A imutabilidade divina é a causa de não sermos destruídos. Se Deus nos tratasse segundo os nossos pecados, estaríamos arruinados. A nossa inconstância não abala a imutabilidade de Deus enquanto que Seu amor perseverante é que nos dá garantia da salvação. A segurança da salvação não está estribada em nós, mas em Deus; não se apóia no frágil bordão da nossa instabilidade, mas no rochedo firme da imutabilidade divina.

A restauração está disponível mediante um convite gracioso de Deus (3.7)

Desde os dias de vossos pais, vos desviastes dos meus estatutos e não os guardastes; tornai-vos para mim, e eu me tornarei para vós outros, diz o Senhor dos Exércitos; mas vós dizeis: Em que havemos de tornar? (3.7).

O profeta Malaquias destaca quatro verdades fundamentais nesse convite gracioso de Deus:

Em primeiro lugar, *a paciência perseverante do restaurador*. "Desde os dias de vossos pais, vos desviastes dos meus estatutos e não os guardastes" (3.7). A geração de Malaquias estava no mesmo curso de desvio e desobediência dos seus pais. Apesar desse doloroso fato, Deus não desiste do Seu povo nem desiste do direito que tem de atraí-lo para Si, de chamá-lo ao arrependimento e de atraí-lo com cordas de amor. Deus o chama à restauração apesar de tantos anos de apostasia e rebeldia.

Em segundo lugar, *o profundo anseio do restaurador*. "Tornai-vos para mim..." (3.7). Deus não quer apenas uma volta a determinados ritos sagrados, a uma religiosidade formal. Ele quer comunhão, relacionamento, por isso, diz: "tornai-vos para mim". O cristianismo é mais do que um credo. É comunhão com uma pessoa, a pessoa bendita do Deus eterno. É um relacionamento vivo com o Deus vivo. A palavra "tornar" significa arrepender-se, mudar de rumo e seguir na direção oposta.[91]

Em terceiro lugar, *a dinâmica relacional do restaurador.* "E eu me tornarei para vós outros, diz o Senhor dos Exércitos" (3.7). Se nós quisermos que Deus se volte para nós, devemos nos voltar para Ele, porque fomos nós que mudamos e não Deus; Ele é imutavelmente o mesmo (3.7).[92] Quando nos voltamos para Deus, o Deus da aliança, encontramos sempre os Seus braços abertos, o beijo do perdão e a festa da reconciliação. Quando o povo de Deus se volta para Ele em penitência, Deus se torna para ele em bênçãos e prosperidade.[93]

Deus procura adoradores e não adoração. Deus quer a nós, mais do que o nosso culto, o nosso serviço. Antes de Deus requerer o dízimo, Ele requer o coração. Antes de Deus ordenar trazer os dízimos, Deus ordena trazer a vida. Os fariseus do tempo de Jesus eram extremamente zelosos na devolução dos dízimos. Eles davam até mesmo o dízimo das hortaliças. Todavia, Jesus os denunciou como hipócritas, porque davam o dízimo do endro, da hortelã e do cominho, mas negligenciavam os preceitos principais da lei: a justiça, a misericórdia e a fé (Mt 23.23). Os fariseus transformaram a religião num conjunto interminável de rituais e deixaram de ter um relacionamento vivo e íntimo com Deus. Os fariseus superestimaram o dízimo, pensando que ao devolverem-no com fidelidade podiam negligenciar o aspecto relacional da fé. Contudo, o princípio bíblico é que o coração precisa vir primeiro para Deus, depois o bolso virá naturalmente. Jesus expressou isso claramente ao dizer que onde está o nosso tesouro, aí também estará o nosso coração (Mt 6.21). Se você ama a Deus, você não terá nenhuma dificuldade de ser um dizimista fiel.

Em quarto lugar, *a insensibilidade espiritual dos que são chamados à restauração*. "Mas vós dizeis: em que havemos de tornar?" (3.7). Pior do que o pecado é a insensibilidade a ele. Pior do que a transgressão é a falta de consciência dela. A cauterização e o anestesiamento da consciência são estágios mais avançados da decadência espiritual.

A restauração passa pela fidelidade na devolução dos dízimos (3.8-10)

> *Roubará o homem a Deus? Todavia, vós me roubais e dizeis: Em que te roubamos? Nos dízimos e nas ofertas. Com maldição sois amaldiçoados, porque a mim me roubais, vós, a nação toda. Trazei todos os dízimos à casa do Tesouro, para que haja mantimento na minha casa; e provai-me nisto, diz o Senhor dos Exércitos, se eu não vos abrir as janelas do céu e não derramar sobre vós bênção sem medida* (3.8-10).

Precisamos entender alguns aspectos importantes sobre a questão do dízimo. Esse é um tema claro nas Escrituras. Muitas pessoas, por desconhecimento, têm medo de ensinar sobre esse importante tema. Outras, por ganância, fazem dele um instrumento para extorquir os incautos. Ainda outras, por desculpas infundadas, sonegam-no, retêm-no e apropriam-se indevidamente do que é santo ao Senhor. O povo de Deus, que fora restaurado por Deus, agora estava roubando a Deus nos dízimos e nas ofertas.

MALAQUIAS – A Igreja no tribunal de Deus

Thomas V. Moore interpretando a lei de Moisés, diz que os dízimos requeridos pela lei mosaica eram 10% de tudo o que o povo recebia, valores esses destinados à manutenção dos levitas (Lv 27.30-32). Desses dízimos os levitas pagavam 10% aos sacerdotes (Nm 18.26-28). Ainda, outro dízimo era pago pelo povo a cada três anos, destinado aos pobres, viúvas e órfãos (Dt 14.28,29).[94]

Vejamos alguns pontos importantes sobre o dízimo.

Em primeiro lugar, *o dízimo é um princípio estabelecido pelo próprio Deus*. A palavra dízimo *maaser* (hebraico) e *dexatem* (grego) significa 10% de alguma coisa ou de algum valor.[95] O dízimo não é uma cota de 1% nem de 9%; o dízimo é a décima parte de tudo o que o homem recebe (Gn 14.20; Ml 3.10).[96] O dízimo não é invenção da Igreja, é princípio perpétuo estabelecido por Deus. O dízimo não é dar dinheiro à igreja, é ato de adoração ao Senhor. O dízimo não é opcional, é mandamento; não é oferta, é dívida; não é sobra, é primícia; não é um peso, é uma bênção.

O dízimo é ensinado em toda a Bíblia: antes da lei (Gn 14.20), na lei (Lv 27.30), nos livros históricos (Ne 12.44), poéticos (Pv 3.9,10), proféticos (Ml 3.8-12) e também no Novo Testamento (Mt 23.23; Hb 7.8). O dízimo não é uma questão meramente financeira, mas, sobretudo, espiritual. O bolso revela o coração. Durante o reinado de Ezequias, houve um grande despertamento espiritual e o resultado foi a dedicação de dízimos e ofertas ao Senhor (2Cr 31.5,12,19). Sempre que o povo de Deus se volta para o Senhor com o coração quebrantado, os dízimos são devolvidos.

Em segundo lugar, *o dízimo é santo ao Senhor* (Lv 27.32). Quando o rei Belsazar usou as coisas santas e sagradas do templo de Deus para o seu próprio deleite, o juízo divino caiu sobre ele (Dn 5.22-31). Quando Acã apanhou o que eram as primícias para Deus (Js 6.18,19) e as escondeu debaixo da sua tenda, o castigo de Deus veio sobre ele (Js 7.1).

Em terceiro lugar, *o dízimo faz parte do culto.* A devolução dos dízimos fazia parte da liturgia do culto. "A esse lugar fareis chegar os vossos holocaustos, e os vossos sacrifícios, e os vossos dízimos..." (Dt 12.6). A devolucão dos dízimos é um ato litúrgico, um ato de adoração que deve fazer parte do culto do povo de Deus.

Em quarto lugar, *o dízimo é para o sustento da Casa de Deus.* "Aos filhos de Levi dei todos os dízimos em Israel por herança, pelo serviço que prestam, serviço da tenda da congregação" (Nm 18.21). O dízimo é o recurso que Deus estabeleceu para o sustento de pastores, missionários, obreiros, aquisição de terrenos, construção de templos, compra de literatura, assistência social, bem como toda a manutenção e extensão da obra de Deus sobre a terra. Se no judaísmo os adoradores traziam mais de 10% de tudo que recebiam para a manutenção da Casa de Deus e dos obreiros de Deus, bem como para atender às necessidades dos pobres, muito mais agora, que a Igreja tem o compromisso de fazer discípulos de todas as nações.

Em quinto lugar, vejamos algumas *desculpas descabidas quanto ao dízimo*

A primeira desculpa é *a justificativa teológica: O dízimo é da lei.* Sim, o dízimo é da lei, é antes da lei e também depois da lei. Ele existiu no sacerdócio de Melquisedeque, no sacerdócio levítico e no sacerdócio de Cristo. A graça vai sempre além da lei (Mt 23.23). Se a lei nos isenta do dízimo, então também nos isentará da justiça, da misericórdia e da fé, pois também são da lei. Ainda que o dízimo fosse uma prática exclusiva da lei, mesmo assim, deveríamos observá-lo, pois também o decálogo é da lei e nem por isso sentimo-nos desobrigados de obedecê-lo. Ivonildo Teixeira corretamente exorta àqueles que tentam escapar da responsabilidade do dízimo dizendo que só vêem sua prática no Antigo Testamento:

> Que bom você enxergar o dízimo no Testamento que fala do povo de Deus, dos grandes milagres, dos homens ungidos, dos reis e rainhas, dos profetas e sacerdotes que foram tremendamente usados por Deus. É no Antigo Testamento que encontramos os Dez Mandamentos que nos ensinam a: "Não adorar a outro Deus", "Não fazer imagens de escultura", "Não matar", "Não adulterar", "Não roubar", "Não cobiçar". Como estas leis estão inseridas no Antigo Testamento, sendo assim, você vai fazer tudo ao contrário? Creio que não! Se você crê na inspiração do Antigo Testamento, o dízimo está incluso, ordenado por Deus, e isto basta![97]

A segunda desculpa *é a justificativa financeira:* "O que eu ganho não sobra". Dízimo não é sobra, é primícia. Deus não é Deus de sobra, de resto. A sobra nós damos para os animais domésticos. A ordem de Deus é: "Honra ao Senhor com as primícias da tua renda..." (Pv 3.9). Os homens fiéis sempre separaram o melhor para Deus, ou seja as primícias (Êx 23.19; 1Cr 29.16; Ne 10.37). Se não formos fiéis, Deus não deixa sobrar. O profeta Ageu diz que o infiel recebe salário e o coloca num saco furado, vaza tudo. O que ele rouba de Deus foge entre os dedos (Ag 1.6). Hoje os cristãos gastam mais com cosmético do que com o Reino de Deus. Investem mais em coisas supérfluas do que com a salvação dos perdidos. Gastamos mais com aquilo que perece do que com a evangelização do mundo. Quando acumulamos justificativas e desculpas para sonegarmos o dízimo, estamos revelando apenas que o Reino de Deus não é nossa prioridade e que o nosso amor por Deus é menor do que o apego ao dinheiro. Quando dizemos que a razão de retermos o dízimo é que se o pagarmos vai nos faltar o básico, estamos permitindo que Satanás encha o nosso coração de incredulidade. É Deus quem cuida do Seu povo. Dele vem a nossa provisão. Cabe-nos obedecer a Deus e deixar as conseqüências em Suas mãos. Ele é fiel!

A terceira desculpa *é a justificativa matemática:* "Eu não entrego o dízimo, porque tem crente que não é dizimista e prospera ao passo que tem crente dizimista pobre". Não basta apenas ser dizimista, é preciso ter a motivação correta. É um ledo engano pensar que as bênçãos de Deus limitam-se apenas às coisas materiais. As pessoas mais ricas e mais felizes do mundo foram aquelas que abriram mão do que não podiam reter, para ganhar o que não podiam perder. Dízimo não é barganha nem negócio com Deus. Precisamos servir a Deus por quem Ele é e não pelo que vamos receber em troca. Se o seu coração está no dinheiro, você ainda precisa ser convertido. A prosperidade financeira sem Deus pode ser um laço. Um homem nunca é tão pobre como quando ele só possui dinheiro. Jesus disse que a vida de um homem não consiste nas riquezas que ele possui. Nada trouxemos para este mundo, nada levaremos dele. O máximo que o dinheiro pode oferecer ao homem é um rico enterro. Riqueza sem salvação é a mais consumada miséria.

A quarta desculpa *é a justificativa sentimental*: "Eu não sinto que devo entregar o dízimo". Pagar o dízimo não é questão de sentimento, mas de obediência. O crente vive pela fé e fé na Palavra. Não posso chegar diante do gerente e dizer que não sinto vontade de pagar a dívida no banco. Não posso encher o meu carrinho de compras no supermercado e depois dizer para o caixa: "eu não sinto vontade de pagar essa dívida". Apropriar-se do dízimo é desonestidade, é roubo, é subtrair o que não nos pertence. Enganam-se aqueles que sonegam o dízimo porque julgam que Deus não bate à sua porta para cobrar nem manda seu nome para o SPC do céu. A Bíblia diz que de Deus não se zomba, aquilo que o homem semear, isso ceifará. A retenção do dízimo provoca a maldição divina e a ação devastadora do devorador.

A quinta desculpa *é a justificativa da consciência:* "Eu não sou dizimista, mas dou oferta". Dízimo é dívida, oferta é presente. Primeiro, você paga a dívida, depois dá o presente. Não posso ser honesto com uma pessoa, se devo a ela dez mil reais, e chego com um presente de quinhentos reais, visando, com isso, liquidar a dívida. Não podemos subornar a Deus. Ele não pode ser comprado nem enganado. Deus requer fidelidade!

A sexta desculpa *é a justificativa política:* "A igreja não administra bem o dízimo". Deus mandou que eu trouxesse todos os dízimos à casa do Tesouro, mas não me nomeou fiscal do dízimo. Eu não sou juiz do dízimo de Deus. Minha obediência não deve ser condicional. Quem administra o dízimo vai prestar contas a Deus.

A sétima desculpa *é a desculpa da visão mesquinha:* "A igreja é rica, ela não precisa do meu dízimo". Em primeiro lugar, o dízimo não é meu, mas de Deus. Em segundo lugar, meu dever é entregá-lo com fidelidade como Deus me ordenou e onde Deus me ordenou. Ainda perguntamos: será que temos tomado conhecimento das necessidades da igreja? Vislumbramos as possibilidades de investimento em prol do avanço da obra? Além do mais, o dízimo não é da igreja, é do Senhor. É Ele quem o recebe (Hb 7.8).

A oitava desculpa *é a desculpa da discordância pessoal:* "Eu não concordo com o dízimo". Temos o direito de discordar, só não temos o direito de escolher as conseqüências das nossas decisões. Quando discordamos do dízimo, estamos discordando da Palavra de Deus que não pode falhar. Quando discordamos do dízimo, estamos indo contra a palavra dos patriarcas, dos profetas, e acima de tudo, do Senhor Jesus, que disse: "Dai a César (os impostos, os tributos e as taxas) o que é de César e a Deus o que é Deus (os dízimos e as ofertas)" (Mt 22.21).[98]

Em sexto lugar, *pecados graves quanto ao dízimo.* Malaquias denuncia alguns pecados graves quanto ao dízimo que estavam sendo cometidos pelo povo

O primeiro pecado *é reter o dízimo.* "Roubará o homem a Deus? Todavia, vós me roubais, e dizeis: Em que te roubamos? Nos dízimos e nas ofertas" (3.8). Joyce Baldwin diz que o verbo "roubar", *qaba,* é raro no Antigo Testamento, mas bem conhecido na literatura talmúdica como "tomar à força".[99] O povo estava roubando a Deus: 1) trazendo ofertas indignas (1.13); 2) oprimindo os pobres (3.5); 3) retendo os dízimos (3.8). A palavra *roubar,* portanto, significa tomar à força, ou seja, é uma espécie de assalto intencional, planejado e ostensivo. A única vez que esse verbo aparece novamente é em Provérbios 22.23 para descrever o *despojamento* do pobre. Reter o dízimo santo ao Senhor é uma insensatez, pois ninguém pode roubar a Deus impunemente.

Tentar defraudar a Deus é defraudar a si mesmo,[100] pois tudo que temos pertence a Deus: nossa vida, família e bens. Uma águia, buscando alimento para os filhos, arrancou com suas fortes garras a carne do altar do sacrifício. Voou para o ninho dos seus filhotes com o cardápio do dia, mas havia ainda na carne uma brasa acesa e esta incendiou o ninho dos seus filhotes, provocando um desastrado acidente. Não é seguro retermos o que é de Deus para o nosso sustento. Deus é o criador, provedor e protetor, por isso devemos depender Dele mais do que dos nossos próprios recursos. Nossa confiança precisa estar no provedor, mais do que na provisão. Nenhum homem jamais perdeu alguma coisa por servir a Deus de todo o coração, ou ganhou qualquer coisa, servindo a Ele com o coração dividido, diz Thomas V. Moore.[101] Diante da sonegação dos dízimos, o Senhor lembra aos judeus que estavam, na realidade, roubando a si próprios, pois o resultado de tal atitude era o fracasso das colheitas.[102]

Dionísio Pape afirma que quem rouba a Deus não é capaz de amá-Lo.[103] Na verdade, sonegar o dízimo é atuar com dolo e esta é uma maneira estranha de exprimir gratidão a Deus, diz Herbert Wolf.[104] Reter o dízimo é colocar o salário num saco furado, diz o profeta Ageu (Ag 1.6). Jamais uma pessoa prosperará retendo o dízimo de Deus, pois a Bíblia diz que reter mais do que é justo é pura perda (Pv 11.24). Reter o dízimo é uma clara demonstração de amor ao dinheiro, e a Bíblia diz que o amor ao dinheiro é a raiz de todos os males (1Tm 6.10). Reter o dízimo é desconfiar da providência divina, é um ato de incredulidade e infidelidade Àquele que nos dá a vida, a saúde, o sustento e a própria vida eterna. Reter o dízimo é roubar a Deus de forma ostensiva e abusiva. Reter o dízimo é desamparar a casa de Deus (Dt 26.14). Thomas V. Moore diz que se nós quisermos ter os tesouros de Deus abertos, devemos abrir os nossos próprios tesouros (3.10,11).[105] Corações inteiros e mãos abertas abrem sobre nós as janelas dos céus e disponibilizam para nós os inesgotáveis recursos de Deus.

Malaquias fala não apenas do dízimo, mas também das ofertas. Eram as partes dos sacrifícios separados para os sacerdotes (Êx 29.27,28; Lv 7.32; Nm 5.9). Elas tinham também uma finalidade especial (Êx 25.2-7). Quando ninguém trazia ofertas, os levitas não tinham outra opção senão desistir do seu ministério e ganhar o seu sustento na agricultura, diz Baldwin.[106]

O segundo pecado *é subtrair o dízimo*. A Bíblia ordena: "Trazei TODOS os dízimos" (3.10). O dízimo é integral. Muitas pessoas pensam que podem enganar a Deus quando estão preenchendo o cheque do dízimo. Elas colocam um valor muito inferior ao que representa os 10% estabelecidos pelo Senhor. Pelo fato de enganarem a igreja, pensam que também enganam o Senhor da Igreja. Isso é um terrível engano. Deus não precisa de dinheiro, pois Dele é o ouro e a prata (Ag 2.8). Deus não precisava da árvore da ciência do bem e do mal no Jardim do Éden. Deus queria a fidelidade de Adão. Deus não precisava do sacrifício de Isaque, Ele queria a obediência de Abraão. Assim, também, Deus não precisa de dinheiro. Ele requer a fidelidade do Seu povo. Deus viu Ananias e Safira escondendo parte da oferta e os puniu por isso. Podemos nós enganar Àquele que tudo vê? O dízimo é sustento da Casa de Deus. Os levitas e os sacerdotes viviam dos dízimos. Os pobres eram amparados com os dízimos (Dt 14.28). Devemos trazer todos os dízimos à casa do Tesouro.

O terceiro pecado *é administrar o dízimo*. A Bíblia ensina: "Trazei todos os dízimos à CASA DO TESOURO" (3.10). Não temos o direito de mudar uma ordem do Senhor (Dt 12.11). Não podemos fazer o que bem entendemos com o que é de Deus. Não somos chamados a administrar o dízimo nem sermos juízes dele, mas a devolvê-lo ao seu legítimo dono. Deus mesmo já estabeleceu em Sua Palavra que o dízimo deve ser entregue em Sua Casa. Há pessoas que repartem o dízimo para várias causas: enviam 2% à uma igreja necessitada; remetem 3% para uma obra social; ajudam um missionário com mais 2% e depois, entregam 3% à igreja, onde freqüentam. Essa prática está errada. Não temos o direito de administrar o dízimo. Há pessoas, ainda, que freqüentam uma igreja e entregam todo o dízimo em outra. Isso é o mesmo que jantar num restaurante e pagar a conta em outro. Se quisermos ajudar uma causa, devemos fazê-lo com o que nos pertence e não com o dízimo do Senhor. Este deve ser trazido integralmente à casa do Tesouro. A casa do Tesouro era uma expressão que designava os celeiros ou armazéns, a tesouraria do templo, amplos salões em que se colocavam os dízimos (1Rs 7.51).[107]

O quarto pecado *é subestimar o dízimo.* Eles perguntavam: "Em que te roubamos?" (3.8). Eles pensavam que o dízimo era um assunto sem importância. Eles sonegavam o dízimo e julgavam que essa prática não os afetava espiritualmente. A nossa negligência e a dureza do nosso coração em reconhecermos o nosso pecado não atenuam a nossa situação. O que pensamos sobre uma situação não a altera aos olhos de Deus. A verdade de Deus é imutável, e isso não depende do que venhamos a pensar sobre ela. A geração de Malaquias não apenas sonegava o dízimo, mas não sentia por isso nenhuma culpa. Eles pecaram e ainda justificaram o seu pecado.

Em sétimo lugar, vejamos *dois perigos sérios quanto à negligência do dízimo.* O profeta Malaquias avisa solenemente acerca de dois graves perigos para aqueles que sonegam o dízimo e retêm em suas mãos o que é santo ao Senhor.

O primeiro perigo é *a maldição divina.* "Com maldição sois amaldiçoados, porque a mim me roubais, vós a nação toda" (Ml 3.9). A maldição chega a um terceiro nível no livro de Malaquias. A primeira maldição foi imposta ao enganador que, tendo o melhor, dá o pior para Deus (1.14). A segunda maldição é endereçada aos sacerdotes que desonram a Deus (2.2), mas, agora, a terceira maldição é derramada sobre toda a nação que está roubando a Deus nos dízimos e ofertas (3.8,9). A desobediência sempre desemboca em maldição. Insurgir-se contra Deus e violar as Suas leis trazem maldição inevitável. Deus é santo e não premia a infidelidade. Ele vela pela Sua Palavra para a cumprir. Deus é fogo consumidor e terrível coisa é cair nas mãos do Deus vivo. É tempo de a Igreja arrepender-se do seu pecado de infidelidade quanto ao dízimo. Sonegar o dízimo é desamparar a casa de Deus. Sonegar o dízimo é deixar de ser cooperador com Deus na implantação do Seu Reino. Precisamos nos voltar para Deus de todo o nosso coração, pois só assim traremos integralmente o que somos e temos para o altar.

O segundo perigo é *a devastação do devorador.* "Por vossa causa repreenderei o devorador" (3.11). O devorador pode ser tudo aquilo que subtrai nossos bens, que conspira contra o nosso orçamento e que mina as nossas finanças. Thomas V. Moore diz que "o devorador" aqui não deve ser entendido como qualquer tipo específico de destruidor, mas qualquer e todo tipo, racional ou irracional.[100] O profeta Ageu alertou sobre as conseqüências da infidelidade, dizendo que é o mesmo que receber salário e colocá-lo num saco furado (Ag 1.6). Quando retemos fraudulentamente o que é de Deus, o devorador come o que deveríamos entregar no altar do Senhor.

MALAQUIAS – A Igreja no tribunal de Deus

A restauração traz bênçãos singulares de Deus (3.10-12)

Trazei todos os dízimos à casa do Tesouro, para que haja mantimento na minha casa; e provai-me nisto, diz o Senhor dos Exércitos, se eu não vos abrir as janelas do céu e não derramar sobre vós bênção sem medida. Por vossa causa, repreenderei o devorador, para que não vos consuma o fruto da terra; a vossa vide no campo não será estéril, diz o Senhor dos Exércitos. Todas as nações vos chamarão felizes, porque vós sereis uma terra deleitosa, diz o Senhor dos Exércitos (3.10-12).

O profeta Malaquias aponta quatro bênçãos que acompanham a restauração divina sobre aqueles que são fiéis nos dízimos e nas ofertas

Em primeiro lugar, *as janelas abertas do céu* (3.10). É lá do alto que procede toda boa dádiva. Deus promete derramar sobre os fiéis torrentes caudalosas das Suas bênçãos. Baldwin diz que as janelas do céu, que se abriram para a chuva durante o dilúvio (Gn 7.11), "choverão" uma seqüência superabundante de presentes, quando Deus mandar.[109] É bênção sobre bênção, é bênção sem medida. É abundância. É fartura. Mais vale 90% com a bênção do Senhor do que 100% sob a Sua maldição. Janelas abertas falam não apenas de bênçãos materiais, mas de toda sorte de bênção espiritual. Nós precisamos evitar dois extremos: a teologia da prosperidade e a teologia da miséria. A teologia da prosperidade limita as bênçãos de Deus ao terreno material; a teologia da miséria não enxerga a bênção de Deus nas suas dávidas materiais.

Em segundo lugar, *as bênçãos sem medida de Deus* (3.10). A bênção de Deus enriquece e com ela não traz desgosto.

A Bíblia diz que o que plantamos, isso também colhemos. Mas colhemos sempre mais do que plantamos. "Quem semeia com fartura, com abundância ceifará" (2Co 9.6). A promessa de Deus é: "Dai e dar-se-vos-á; boa medida, recalcada, sacudida, transbordante, generosamente vos darão; porque com a medida com que tiverdes medido vos medirão também" (Lc 6.38). Deus promete literalmente fazer prosperar a quem dá com liberalidade (2Co 9.6-11): "A quem dá liberalmente, ainda se lhe acrescentam mais e mais; ao que retém mais do que é justo, ser-lhe-á em pura perda. A alma generosa prosperará, e quem dá a beber será dessedentado" (Pv 11.24,25).

Em terceiro lugar, *o devorador repreendido* (3.12). Deus não age apenas ativamente derramando bênçãos extraordinárias, mas também inibe, proíbe e impede a ação do devorador na vida daqueles que lhe são fiéis. Alguém, talvez, possa objetar dizendo que há muitos crentes não dizimistas que são prósperos financeiramente, enquanto há dizimistas que enfrentam dificuldades econômicas. Contudo, a riqueza sem fidelidade pode ser maldição e não bênção. Também, as bênçãos decorrentes da obediência não são apenas materiais, mas toda sorte de bênção espiritual em Cristo Jesus. O apóstolo Paulo diz que grande fonte de lucro é a piedade com contentamento, enquanto afirma que os que querem ficar ricos caem em tentação, cilada e em muitas concupiscências insensatas e perniciosas, as quais afogam os homens na ruína e perdição (1Tm 6.6,9). A maldição do devorador não se quebra com ritos místicos nem com oração e jejum, mas enfiando a mão no bolso e devolvendo a Deus o que a Ele pertence: os dízimos e as ofertas.

Em quarto lugar, *uma vida feliz* (3.12): "Todas as nações vos chamarão felizes, porque vós sereis uma terra deleitosa, diz o Senhor dos Exércitos". Há grande alegria na obediência a Deus. Quando a igreja é fiel, a casa de Deus é suprida, a obra de Deus cresce, o testemunho da igreja resplandece, os povos conhecem ao Senhor e a glória de Deus resplandece entre as nações. Ser cooperador com Deus é fazer um investimento para a eternidade (1Co 3.9). Muitos estão investindo em projetos que não terão nenhuma conseqüência eterna. Onde você está ajuntando tesouros? Onde está colocando suas riquezas? Onde você tem o seu coração? O dinheiro do Senhor que está em suas mãos tem sido devolvido para o sustento da obra de Deus?

Concluímos dizendo que Deus chama o Seu povo a fazer prova Dele. O Senhor nos exorta a fazer prova Dele quanto a essa matéria (Ml 3.10). Deus não quer obediência cega, mas fidelidade com entendimento. O dinheiro é uma semente. Quando você semeia com fartura, você colhe com abundância. Na verdade você tem o que dá, e perde o que retém. A semente que se multiplica não é a que você come, mas a que você semeia. Jesus disse que mais bem-aventurado é dar que receber (At 20.35). Quando você oferta, Deus multiplica a sua sementeira.

Quando estava escrevendo este texto, decidi fazer uma oferta a uma pessoa. Fiz isso com alegria. No dia seguinte, recebi uma oferta dez vezes maior. Deus nunca fica em dívida com ninguém. Ele nos desafia e nos exorta a fazer prova Dele. Precisamos aprender a ofertar. Precisamos ter experiências da generosidade de Deus.

Deus propõe-nos duas alternativas: O que você vai escolher: bênção ou maldição? Se o povo de Deus trouxer os dízimos à casa do Tesouro na terra, Deus abrirá os Seus tesouros no céu.

Um chamado à restauração

Deus propõe ao Seu povo dois caminhos: a bênção ou a maldição. Que caminho vamos escolher? Que decisão tomar? Ele nos exorta a escolher o caminho da bênção, o caminho da vida!

Notas do capítulo 6

[91] WOLF, Herbert. *Ageu e Malaquias*, p. 112.

[92] MOORE, Thomas V. *A commentary on Haggai and Malachi*, p. 162.

[93] FEINBERG, Charles L. *Os profetas menores*, p. 343; MOORE, Thomas V. *A commentary on Haggai and Malachi*, p. 158.

[94] MOORE, Thomas V. *A commentary on Haggai and Malachi*, p. 159.

[95] TEIXEIRA, Ivonildo. *Finanças com propósito*. Belo Horizonte: Atos, 2003, p. 91.

[96] TEIXEIRA, Ivonildo. *Basta! mendigo no más*, 2005, p. 28.

[97] TEIXEIRA, Ivonildo. *Finanças com propósito*, p. 95.

[98] TEIXEIRA, Ivonildo. *Finanças com propósito*, p. 94.

[99] BALDWIN, Joyce G. *Ageu, Zacarias e Malaquias*, p. 206.

[100] MOORE, Thomas V. *A commentary on Haggai and Malachi*, p. 162.

[101] MOORE, Thomas V. *A Commentary on Haggai and Malachi*, p. 162.

[102] Ellisen, Stanley A. *Conheça melhor o Antigo Testamento*, p. 347.

[103] PAPE, Dionísio. *Justiça e esperança para hoje*, p. 136.

[104] WOLF, Herbert. *Ageu e Malaquias*, p. 113.

[105] MOORE, Thomas V. *A commentary on Haggai and Malachi*, p. 162.

[106] BALDWIN, Joyce G. *Ageu, Zacarias e Malaquias*, p. 206-207.

[107] WOLF, Herbert. *Ageu e Malaquias*, p. 114.

[108] MOORE, Thomas V. *A commentary on Haggai and Malachi*, p. 161.

[109] BALDWIN, Joyce. *Ageu, Zacarias e Malaquias*, p. 207.

Capítulo 7

A diferença entre o perverso e o justo

(Ml 3.13-18)

O JOIO PARECE COM O TRIGO, mas não é trigo. Um é alimento, o outro é veneno. No final, um irá para o celeiro de Deus, o outro para a fornalha. Malaquias, na introdução desse solene tema, chama-nos a atenção para alguns fatos importantes.

Primeiro, *as aparências enganam: as coisas não são o que parecem ser.* Do lado de cá da sepultura, muitos perversos parecem felizes e prósperos e muitos justos parecem afligidos e oprimidos financeiramente. Será esta a realidade final e eterna? Lucas 16.19-31 nos informa que do outro lado da sepultura, na eternidade, esse quadro é alterado. O mendigo é consolado e o rico, que vivera regaladamente, atormentado.

Segundo, *as reações diferem: uns obedecem, outros escarnecem.* Em Malaquias 3.10-12, Deus desafia o povo a entregar os dízimos e faz promessas de abrir-lhes as janelas do céu. Os justos obedeceram, os perversos escarneceram. A Palavra de Deus é espada de dois gumes: propõe o caminho da vida ou da morte; oferece bênção ou maldição.

Terceiro, *as sentenças finais separarão os perversos dos justos.* Agora o perverso pode prosperar, escapar e parecer feliz. Mas como ele ficará no dia do juízo? Onde estará seu dinheiro? Onde estará sua aparente felicidade? Onde estará sua segurança? Agora o justo pode ser afligido, mas no dia final ele será recompensado por Deus eternamente. Vejamos quais são as diferenças entre o perverso e o justo, agora e na eternidade.

O perverso afronta a pessoa de Deus (3.13)

As vossas palavras foram duras para mim, diz o Senhor; mas vós dizeis: Que temos falado contra ti? (3.13).

Malaquias destaca dois aspectos da vida desses perversos que afrontam a Deus.

Em primeiro lugar, *seu atrevimento espiritual.* "As vossas palavras foram duras para mim, diz o Senhor" (3.13a). Algumas pessoas reagiram ao desafio e às promessas de Deus com insolência, atrevimento e palavras pesadas (3.10-12). Esse grupo negou que era verdade o que Deus disse. Eles insultaram a Deus. Tentaram colocar Deus contra a parede. Eles falaram mal de Deus. As conversas irrefletidas tinham minado a moral, diz Baldwin.[110] A boca fala aquilo de que o coração está cheio. O homem sempre se insurge contra Deus. No século 18, na Inglaterra, o pai do agnosticismo,

David Hume, disse que quem queimasse um livro de teologia estaria prestando um serviço à humanidade. O filósofo alemão Nietzsche disse que Deus morreu. O livro *Código Da Vinci*, blasfemo em sua abordagem, escarnecedor da fé cristã, com afirmações inverossímeis e fantasiosas, é um dos mais vendidos no mundo na atualidade. Os homens, na sua loucura, insurgem-se contra Deus e desandam a boca para proferir palavras pesadas contra o Altíssimo.

Em segundo lugar, *seu anestesiamento espiritual*. "[...] mas vós dizeis: Que temos falado contra ti?"(3.13b). Pior do que falar contra Deus, é fazê-lo e não se dar conta da gravidade do fato. A cauterização da consciência é um estágio ainda mais avançado da corrupção do pecado. Os que menos se afligem com seus pecados são aqueles que mais chafurdados neles estão. Quanto mais longe de Deus uma pessoa está, menos consciência de pecado ela tem. De outro lado, os homens que mais andaram com Deus foram aqueles que mais choraram pelos seus pecados.

O perverso se equivoca sobre a providência de Deus (3.14,15)

> *Vós dizeis: Inútil é servir a Deus; que nos aproveitou termos cuidado em guardar os seus preceitos e em andar de luto diante do Senhor dos Exércitos? Ora, pois, nós reputamos por felizes os soberbos; também os que cometem impiedade prosperam, sim, eles tentam ao Senhor e escapam* (3.14,15).

O perverso é uma pessoa iludida. O pecado rouba do homem o discernimento. Vejamos quatro equívocos cometidos pelos perversos.

Em primeiro lugar, *é inútil mesmo servir a Deus?* "Vós dizeis: Inútil é servir a Deus; que nos aproveitou termos cuidado em guardar os seus preceitos e em andar de luto diante do Senhor dos Exércitos?" (3.14). A palavra *proveito* normalmente já traz em si uma forte conotação de mal, mostrando que não eram sinceros no culto que prestavam ao Senhor. A sua glória e não a de Deus era o que buscavam. Eles buscavam os favores de Deus e não a Deus. A religião deles era apenas um negócio, uma barganha. Eles queriam vantagens pessoais, não Deus. Os perversos estavam enganados quanto a eles mesmos e quanto a Deus. Na verdade, eles não guardavam os preceitos de Deus nem se quebrantavam diante de Deus. Ao contrário, estavam enganando seus próprios corações. Eles não amavam a Deus, mas a si mesmos; não buscavam piedade, mas o lucro; não adoravam a Deus, mas o dinheiro. Por isso, eles fizeram duas observações equivocadas:

Primeira, *não há proveito na obediência a Deus* (3.14a). Eles distorceram o sentido da religião. Eles fizeram da religião um negócio, uma barganha, um comércio com Deus. Eles estavam trazendo dízimos e ofertas por motivações egoístas, buscando apenas vantagens imediatas. Eles corromperam o culto. Nós servimos a Deus não pelo que Ele nos dá, mas por quem Ele é. Assim fizeram os três amigos de Daniel que foram jogados na fornalha. Eles disseram para o rei Nabucodonosor: "Se o nosso Deus, a quem servimos, quer livrar-nos, ele nos livrará da fornalha de fogo ardente, e das tuas mãos, ó rei. Se não, fica sabendo, ó rei, que não serviremos a teus deuses, nem adoraremos a imagem de ouro que levantaste" (Dn 3.17,18).

Ananias e Safira trouxeram uma oferta à igreja com propósitos gananciosos e foram mortos. Simão, o mago, quis comprar o poder de Deus por dinheiro e foi severamente reprovado pelo apóstolo Pedro. Deus quer o coração e não dinheiro. Se o nosso coração for de Deus, o dinheiro não será o dono da nossa vida. Thomas V. Moore diz que os homens que esperam ser recompensados neste mundo por servirem a Deus confundem Deus com Mamom. A religião não pode ser uma questão de barganha com Deus, antes deve ser um relacionamento de amor.[111]

Segunda, *não há benefício no quebrantamento espiritual* (3.14b). A religião deles não passava de uma negociata com Deus. O centro do culto não era Deus, mas eles mesmos. Eles estavam se quebrantando, chorando, jejuando e não viam os resultados dessa prática. Por quê? É que manifestação externa de quebrantamento sem arrependimento interno, profundo, não tem valor aos olhos de Deus (Is 58.2-7; Jl 2.12-14; Mt 23.23). Há muitos hoje que arrotam uma espiritualidade cênica, mas vivem um engodo, uma mentira. Deus não se impressiona com as aparências, Ele vê o coração.

Em segundo lugar, *o perverso é feliz mesmo?* "Ora, pois, nós reputávamos por felizes os soberbos" (3.15). A visão deles era míope. A leitura deles estava errada. O juízo de valor que faziam sobre os ímpios estava equivocado. Eles pensaram que o sucesso segundo o mundo produz felicidade. Eles pensavam que a felicidade está no dinheiro e não em Deus. O perverso não é feliz. Ele pode ter dinheiro, mas não felicidade. Ele pode comprar uma casa, mas não um lar. Ele pode comprar alimentos deliciosos, mas não apetite. Ele pode comprar os melhores planos de saúde, mas não saúde. Ele pode ter um rico enterro, mas não o céu. Para o perverso, não há paz. Quem quer ficar rico, cai em muitas ciladas e afoga sua alma em grande angústia.

A afirmação de que o perverso é feliz está equivocada por duas razões. Primeiro, nós não podemos sondar o coração do perverso; segundo, nós teremos esquecido o futuro. Do outro lado do túmulo, há choro e ranger de dentes para aqueles que rejeitaram a graça de Deus.

Em terceiro lugar, *o perverso é próspero mesmo?* "[...] também os que cometem impiedade prosperam" (3.15b). A prosperidade do ímpio sempre foi uma questão que afligiu o povo de Deus. Jó lidou com essa tensão (Jó 21.13). Asafe enfrentou esse problema (Sl 73.12). Esse problema é atual. A prosperidade de pessoas desonestas é flagrante. A corrupção está no DNA da nação brasileira. Ela é endêmica e sistêmica. Está presente nos poderes constituídos e nas mais altas instituições, inclusive na própria igreja. A cultura do extrativismo está impregnada em nossa história desde o descobrimento do Brasil, passando pelo Brasil Colônia, Brasil Império, Velha e Nova República. Muitos são os ralos por onde vasam as riquezas da nação. Há ratazanas esfaimadas que mordem sem piedade o erário público, engordando suas contas bancárias em paraísos fiscais, enquanto o povo amarga a mais aviltante pobreza e o país vive uma das mais injustas distribuições de renda do planeta. Há um desencanto endêmico com os políticos brasileiros. São poucos aqueles que ascendem ao poder e mantêm limpas as suas mãos. Aqueles que mais esbravejam denunciando a corrupção, via de regra, são os que mais comprometidos com ela estão. Aqueles que tecem os mais decantados elogios a si mesmos acerca de sua conduta impoluta, muitas vezes, estão chafurdados até o pescoço num mar de lama.

As pessoas que trabalham com honestidade, muitas vezes sofrem, enquanto aquelas que subornam e corrompem crescem. Estamos assistindo com tristeza a vergonhosa ladroagem dos recursos públicos, desmascarada nas comissões parlamentares de inquérito que investigam a compra de votos de parlamentares, e outras formas de corrupção, daqueles que se encostam no poder como sanguessugas famintas. Esses dráculas sanguissedentos, em vez de trabalharem para a construção de um país justo e próspero, usam todo tipo de esperteza para assaltar o povo e arrancar-lhe da alma a última réstia de esperança. Mas a prosperidade do ímpio não é sinal de segurança nem de felicidade. Um dia, a casa do ímpio desabará sobre sua própria cabeça. Aquilo que ele fez em oculto será proclamado dos eirados, do alto monte dos telejornais e revistas. A prosperidade do ímpio não é sinal do agrado de Deus nem mesmo do aplauso dos homens sensatos.

Precisamos ponderar três coisas: Deus merece o nosso amor pelo que é e não pelo que pode nos dar; a situação presente é transitória, mas a nossa recompensa no céu é eterna.

Em quarto lugar, *o perverso que tenta a Deus escapa mesmo?* "[...]eles tentam ao Senhor e escapam" (3.15c). O juízo de Deus, às vezes, parece tardio. Nem sempre Deus acerta as contas com o perverso no instante da sua transgressão. O moinho de Deus moi devagar, mas moi fino. Às vezes, parece que Deus está dormindo (Sl 73.20), porém quando Ele desperta, transtorna o caminho dos infiéis (Sl 73.27). Não é verdade que o perverso escapa ileso. A queda de Adão, o dilúvio, Somoda e Gomorra e o cativeiro de Israel revelam que Deus não deixa impune o perverso. Asafe diz: "Certamente tu os pões em lugares escorregadios, tu os lanças para a ruína. Como caem na desolação num momento! Ficam totalmente consumidos

MALAQUIAS – A Igreja no tribunal de Deus

de terrores" (Sl 78.18,19). Deus entrega o perverso a si mesmo (Rm 1.24,26,28). O juízo de Deus é inexorável. Os perversos não escaparão do juízo de Deus: "Pois eis que vem o dia e arde como fornalha; todos os soberbos e todos os que cometem perversidades serão como o restolho; o dia que vem os abrasará, diz o Senhor dos Exércitos, de sorte que não lhes deixará nem raiz nem ramo" (Ml 4.1).

O justo tem uma relação certa com Deus mesmo na adversidade (3.16)

> *Então, os que temiam ao Senhor falavam uns aos outros; o Senhor atentava e ouvia; havia um memorial escrito diante dele para os que temem ao Senhor e para os que se lembram do seu nome* (3.16).

O profeta Malaquias destaca três importantes verdades sobre o justo.

Em primeiro lugar, *o justo é intimamente piedoso*. "[...]e para os que se lembram do seu nome" (3.16c). O perverso só se lembra do Senhor para falar-lhe palavras pesadas, mas o justo lembra-se de Deus para deleitar-se Nele, refugiar-se Nele e viver para o Seu agrado. A meditação do justo o leva para a intimidade de Deus, enquanto os pensamentos do perverso o afastam de Deus.

Em segundo lugar, *o justo é pessoalmente sincero*. "Então, os que temiam ao Senhor [...] havia um memorial escrito diante dele para os que temem ao Senhor" (3.16a). O justo tem reverência por Deus. Eles são leais e verdadeiros em sua fé. O temor a Deus é a fonte secreta, o poder íntimo da vida santa. O temor do Senhor é o princípio da sabedoria. O temor do Senhor é o grande freio que segura o homem de cair nas malhas do pecado. O temor do Senhor é o grande antídoto contra o mal. Aqueles que temem a Deus não temem aos homens, não se rendem ao pecado, não põem o pescoço na coleira do diabo.

Em terceiro lugar, *o justo é abertamente encorajador do próximo.*

"[...]falavam uns aos outros..." (3.16b). O justo não apenas anda com Deus, mas encoraja outros também a andar. Ele não é apenas receptáculo, mas canal. Ele não é apenas abençoado, mas abençoador.

Precisamos fortalecer uns aos outros em tempos de crise e apostasia. Quando os ímpios estão falando contra Deus, os justos devem falar de Deus uns aos outros. Quando o fogo está se apagando, as brasas acesas precisam estar mais próximas umas das outras. Quando as brasas parecem todas apagadas, os filhos de Deus precisam clamar para que o vento impetuoso do Espírito venha e acenda novamente as brasas.

O verdadeiro vencedor é aquele que encoraja outros a vencerem com ele. Davi encontrou o exército de Saul completamente desencorajado na batalha contra os filisteus. Os soldados de Saul já haviam fugido oitenta vezes do insolente gigante Golias. Quando Davi enfrentou o gigante e o venceu, os soldados abatidos foram encorajados a se levantar. Davi os reanimou e eles se ergueram para a peleja (1Sm 17.52). A melhor vitória é aquela que compartilhamos com outros.

Há alguns anos, houve uma olimpíada de pessoas deficientes fisicamente em Seattle, nos Estados Unidos. A modalidade esportiva mais esperada era a corrida dos cem metros. O estádio estava lotado. A multidão hilariante e barulhenta aplaudia ruidosamente as jovens que se apresentaram para a esperada corrida. Ao sinal de largada, elas partiram com toda a força de que dispunham. Duas jovens saíram na frente. Uma ganhou a dianteira. O estádio inteiro se levantou para incentivá-la. Contudo, de repente, ela caiu. A concorrente que vinha em seguida, parou. A multidão, inconformada, gritou: avance, corra, não pare. Todavia, a jovem fechou os ouvidos ao clamor da multidão, ajudou sua concorrente a levantar-se e esperou as retardatárias. Quando todas estavam juntas novamente, elas deram as mãos umas às outras e cruzaram juntas a linha de chegada. O estádio inteiro ovacionou e aplaudiu ruidosamente o gesto e entendeu a lição. A melhor vitória é aquela que compartilhamos com os outros. Deus não apenas nos levanta para a vitória, mas nos faz encorajadores de outros.

O justo será recompensado por Deus no juízo (3.16-18)

Então, os que temiam ao Senhor falavam uns aos outros; o Senhor atentava e ouvia; havia um memorial escrito diante dele para os que temem ao Senhor e para os que se lembram do seu nome. Eles serão para mim particular tesouro, naquele dia que preparei, diz o Senhor dos Exércitos; poupá-los-ei como um homem poupa a seu filho que o serve. Então, vereis outra vez a diferença entre o justo e o perverso, entre o que serve a Deus e o que não o serve (3.16-18).

Malaquias destaca quatro recompensas gloriosas do justo.

Em primeiro lugar, *Deus ouve sua conversação*. "[...]O Senhor atentava e ouvia..." (3.16). O justo em vez de falar contra Deus como o perverso, fala de Deus aos irmãos.

A diferença entre o perverso e o justo

Deus escuta e valoriza nossas palavras. Ele dá importância ao que fazemos e falamos. No dia do juízo, nossas palavras nos justificarão ou nos condenarão. Deus está atento ao que acontece com você. Ele sabe quem é você, o que está acontecendo com você, onde você está, o que você deve fazer e para onde você deve ir.

Em segundo lugar, *Deus lembra suas obras.* "[...]havia um memorial escrito diante dele para os que temem ao Senhor" (3.16). Os monarcas terrenos recordavam as obras e relembravam os nomes de seus servos fiéis. De igual forma, o Senhor dos senhores guarda em Seu livro um memorial do Seu povo. Até um copo de água fria que você der a alguém em nome de Cristo não ficará sem recompensa (Mc 9.41). Os que a muitos conduzirem à justiça, brilharão como o sol no firmamento (Dn 12.2). Aqueles que têm seu nome no livro da vida têm grande alegria e entrarão na cidade de Deus.

Em terceiro lugar, *Deus os poupará como filhos amados.* "[...]poupá-los-ei como um homem poupa a seu filho que o serve" (3.17). Se nós que somos maus, amamos nossos filhos e damos boas dádivas a eles, quanto mais Deus! Ele já nos deu Jesus e nos dá com Ele todas as demais coisas (Rm 8.32). O salmista diz: "Como um pai se compadece dos seus filhos, assim o Senhor se compadece dos que o temem" (Sl 103.13). Enquanto os perversos serão como restolhos lançados na fornalha, os justos receberão um novo corpo, um novo nome, uma nova pátria. Eles serão vestidos de branco, coroados, recebidos no Reino para reinarem com Cristo eternamente. Seremos poupados de toda dor, sofrimento, lágrimas, luto e morte (Ap 21.4).

Em quarto lugar, *Deus os recompensará no juízo.* "Eles serão para mim particular tesouro, naquele dia que preparei, diz o Senhor dos Exércitos" (3.17). Você é o tesouro de Deus, a herança de Deus, a menina dos olhos de Deus, a delícia de Deus. Ele se delicia em você. Ele tem todo o Seu prazer em você. Naquele dia, enquanto os perversos vão perecer eternamente (Mt 25.46), nós seremos o particular tesouro de Deus. Enquanto a grande meretriz será lançada no lago do fogo, nós como Noiva do Cordeiro, entraremos para as bodas. Enquanto a Grande Babilônia entra em colapso, a Nova Jerusalém desce do céu. Enquanto os perversos enfrentarão os tormentos do inferno, os justos estarão no Seio de Abraão (Lc 16.19-31). Enquanto os perversos ressuscitarão para o juízo, os justos ressuscitarão para a vida eterna. Enquanto os perversos serão lançados no lago do fogo, os justos, cujos nomes estão no livro da vida, entrarão no céu. Enquanto os perversos ouvirão: "Apartai-vos", os justos ouvirão: "Vinde benditos de meu Pai, entrai na posse do Reino". Naquele dia ficará provado que é falsa a acusação dos perversos: "[...]qualquer que faz o mal passa por bom aos olhos do Senhor, e desses é que ele se agrada" (Ml 2.17).

Concluindo, queremos destacar três solenes verdades.

Primeira, *aqueles que falam contra Deus terão de enfrentá-Lo no dia do juízo.* O mundo está cheio de pessoas que desandam a boca para blasfemar contra Deus. Eles blasfemam e prosperam. Eles zombam e escapam. Mas até quando? Aqueles que burlaram as leis e compraram sentenças nos tribunais, que corromperam e foram corrompidos, que cometeram graves transgressões e escaparam do braço da lei e da sentença dos tribunais, jamais escaparão do juízo divino.

Segunda, *aqueles que zombam de Deus verão que Ele não acerta as contas todos os dias.* O perverso por um momento fala contra Deus, tenta a Deus e ainda prospera e escapa, mas um dia Deus vai chamar esse perverso para prestar contas. Naquele dia, o perverso será como restolho chocho, vazio, sem valor.

Terceira, *aqueles que pensam que o mal compensa, um dia saberão a diferença entre o justo e o perverso.* O dia do juízo trará à luz o pleno entendimento que de nada adianta o homem ganhar o mundo inteiro e perder a sua alma. De nada adianta viver no fausto aqui, e perecer eternamente. O dia do juízo vai revelar que vale a pena servir a Deus e andar com Ele!

NOTAS DO CAPÍTULO 7

[110] ALDWIN, Joyce G. *Ageu, Zacarias e Malaquias*, p. 208.

[111] MOORE, Thomas V. *A commentary on Haggai and Malachi*, p. 178.

Capítulo 8

A última audiência
(Ml 4.1-6)

DEUS JÁ TINHA FEITO OITO AUDIÊNCIAS com o Seu povo e ouvido suas desculpas: 1) Em que nos tens amado? (1.2); 2) Em que desprezamos o teu nome? (1.6); 3) Em que te havemos profanado? (1.7); 4) Por que não olhas nem aceitas com prazer nossas ofertas? (2.13,14); 5) Em que te enfadamos? (2.17); 6) Em que havemos de tornar? (3.7); 7) Em que te roubamos? (3.8); 8) Que temos falado contra ti? (3.13).

O povo já tinha colocado Deus no banco dos réus: Chamaram Deus de injusto: "Qualquer que faz o mal passa por bom aos olhos do Senhor" (3.17). Chamaram Deus de imoral: "e desses é que ele gosta" (3.17). Chamaram Deus de omisso: "Onde está o Deus do juízo?" (3.17).

Agora, chegou o dia da última audiência. O dia do juízo será inesperado, inevitável e inescapável.

O dia da retribuição do ímpio (4.1)

> *Pois eis que vem o dia e arde como fornalha; todos os soberbos e todos os que cometem perversidades serão como restolho; o dia que vem os abrasará, diz o Senhor dos Exércitos, de sorte que não lhes deixará nem raiz nem ramo* (4.1).

Malaquias de forma solene e grave fala sobre o veredicto final do ímpio e aponta três fatos dramáticos.

Em primeiro lugar, *o veredicto final revelará a destruição total dos ímpios* (4.1). Para os justos, Deus é o fogo do ourives que purifica; para os ímpios, Deus é como o fogo da fornalha que destrói. Esse dia vai arder como fornalha. Os ímpios serão como restolho que vai arder no fogo. "Nosso Deus é um fogo consumidor" (Hb 12.29). Nas Escrituras, o fogo é geralmente associado com o julgamento, visto que é um símbolo da santa ira de Deus. O fogo consumiu os inimigos de Deus (2Rs 1), bem como os israelitas que desobedeceram (Lv 10.1-3). Deus tem reservado o mundo para um juízo de fogo (2Pe 3.10), e o inferno é comparado a um lago de fogo (Ap 20.10,14; 21.8). Quando Jesus voltar para julgar o mundo, Ele virá em chamas de fogo. Malaquias diz que não lhes ficará raiz nem ramo. Não haverá mais esperança. Quando a raiz é destruída, a planta não pode brotar mais. Ficar sem raiz nem ramo significa também que os ímpios serão completamente apagados, ou seja, a memória e a posteridade dos ímpios serão destruídas. Essa sentença é final e inapelável. É um julgamento irrecorrível. Não tem mais instância superior a apelar.

Em segundo lugar, *o veredicto final demonstrará a destruição universal dos ímpios*. "Todos os soberbos e todos os que cometem perversidades serão como restolho" (4.1). Os céticos pensavam que os soberbos e arrogantes eram felizes. Pensavam que eles tentavam a Deus e escapavam. Todavia ninguém ficará impune no juízo de Deus. Ninguém poderá se esconder. Ninguém poderá subornar o juiz nem mudar a sentença. Naquele dia Deus vai julgar o segredo do coração dos homens. O pecado do coração e o pecado das ações serão igualmente julgados.

Em terceiro lugar, *o veredicto final perscrutará o mais profundo da vida dos ímpios* (4.1). Malaquias registra dois fatos: Primeiro, os soberbos serão condenados. A soberba é um sentimento que pode ficar escondido por trás de fachada e de máscara. É um sentimento íntimo, que só Deus conhece. Contudo, Deus vai julgar o segredo do coração dos homens. Segundo, os que cometem perversidades serão condenados. Perversidade fala de uma vida desregrada, de desobediência afrontosa, de descalabro moral. Vivemos no reino do hedonismo, do prazer. Os homens, embriagados pelo prazer, bebem todas as taças do pecado que o mundo lhes oferece. Eles se entregam aos apetites da carne. Eles fazem a vontade da carne e dos pensamentos. Eles não pensam na eternidade, só vivem para o agora. Mas essa geração que só pensa no agora vai ter de comparecer um dia diante do tribunal de Deus para dar contas da sua vida.

O dia da recompensa do justo (4.2,3)

Mas para vós outros que temeis o meu nome nascerá o sol da justiça, trazendo salvação nas suas asas; saireis e saltareis como bezerros soltos da estrebaria. Pisareis os perversos, porque se farão cinzas debaixo das plantas de vossos pés, naquele dia que preparei, diz o Senhor dos Exércitos (4.2,3).

Três verdades gloriosas são destacadas por Malaquias acerca da recompensa do justo: vida, liberdade e vitória.[112]

Em primeiro lugar, *o veredicto final trará a luz da vida para os justos*. "Mas para vós outros que temeis o meu nome nascerá o sol da justiça, trazendo salvação nas suas asas" (4.2). A maior recompensa do justo é o próprio Deus. Ele é a maior herança do salvo. Deus será para os justos naquele glorioso dia, o sol da justiça. O sol traz calor, luz e vida. Não há vida sem o sol. Deus é o nosso sol e escudo (Sl 84.11). Deus é a nossa luz perpétua (Is 60.19). Trevas e medo nunca mais estarão presentes. O pecado não mais nos afligirá. Deus vem como o sol da justiça. A justiça Dele é a nossa justiça. Brilharemos como o sol no firmamento. Seremos como ele é. Cristo é a fonte da luz: Ele é a luz do mundo. Ele ilumina todo homem. Quem o segue não anda em trevas. Cristo é a fonte da vida. O sol traz cura em suas asas. Sem sol não há vida, sem Cristo não há salvação. Cristo é a fonte da justiça: Sem Cristo, nossas obras são trapos de imundícia.

Em segundo lugar, *o veredicto final trará a alegria da liberdade para os justos*. "Saireis e saltareis como bezerros soltos da estrebaria" (4.2). O dia do juízo será para os justos um dia de alegria indizível, de liberdade plena, de recompensa eterna. Malaquias compara essa alegria da liberdade como um bezerro que estava preso no estábulo e foi liberado para correr nos campos verdejantes. O bezerro sai saltando de alegria, usufruindo sua gostosa liberdade. Será assim conosco na segunda vinda de Cristo. Nossa liberdade será plena, completa e total. Aquele será um dia de exultação, quando entraremos na glória, quando tomaremos posse da herança, quando entraremos na Casa do Pai, na Nova Jerusalém.

Em terceiro lugar, *o veredicto final revelará a vitória dos justos sobre seus inimigos* (4.3). Os justos não apenas receberão a libertação do aprisionamento, mas também completo triunfo sobre os inimigos. Os mesmos ímpios que oprimiram os justos e lhes fizeram amargar a vida, agora são como cinzas debaixo dos seus pés. A Igreja não apenas estará no céu. Ela vai assentar-se em tronos para julgar o mundo (1Co 6.2). Deus vai retribuir com justiça aqueles que oprimiram o seu povo. Isaltino Gomes Filho diz que a idéia de os ímpios se desfazerem em cinzas sob os pés dos justos mostra a vitória total do bem e a aniquilação total da impiedade.[113]

O dia da advertência de todos, a derradeira chance de conciliação (4.4-6)

Lembrai-vos da lei de Moisés, meu servo, a qual lhe prescrevi em Horebe para todo o Israel, a saber, estatutos e juízos. Eis que eu vos enviarei o profeta Elias, antes que venha o grande e terrível Dia do Senhor; ele converterá o coração dos pais aos filhos e o coração dos filhos a seus pais, para que eu não venha e fira a terra com maldição (4.4-6).

MALAQUIAS – A Igreja no tribunal de Deus

Malaquias está chegando ao final de seu livro e ele faz sua última advertência, dizendo três verdades solenes.

Em primeiro lugar, *antes do veredicto final, Deus adverte a todos por intermédio da Sua Palavra* (4.4). Devemos nos lembrar do propósito da lei: Conduzir-nos a Cristo, o Salvador.[114] Devemos nos lembrar da autoridade da lei: Deus a prescreveu em Horebe para todo o Israel. Devemos nos lembrar da recompensa da lei: Estatutos e juízos, bênçãos e maldição. Antes das taças da ira, Deus faz soar as trombetas da advertência. Antes do juízo ser completo e final, Deus chama a todos ao arrependimento. A única maneira de nos prepararmos para esse grande dia é lembrarmo-nos da Palavra, voltarmo-nos para a Palavra, vivermos de acordo com a Palavra. Vivemos numa geração analfabeta da Bíblia. Vivemos num tempo em que a Palavra é desprezada, substituída e desobedecida. Não podemos nos esquecer da Palavra escrita de Deus!

Em segundo lugar, *antes do veredicto final, Deus adverte a todos por meio de Seus instrumentos* (4.5). Malaquias fala de um ministro divinamente comissionado: "Eis que enviarei o profeta Elias" (4.5). Malaquias fala de um ministério abençoado em seus resultados: "ele converterá o coração dos pais aos filhos e dos filhos aos pais" (4.6). Deus enviou Elias, que confrontou a nação de Israel num tempo de apostasia e chamou-a ao arrependimento. Antes do dia do juízo vem o dia da graça. Deus enviou João Batista para preparar o caminho do Senhor e ele conclamou o povo a arrepender-se. João Batista é o Elias que veio, mas não Elias em pessoa. Ele veio no poder de Elias (Mt 11.14; Mt 17.10-13; Jo 1.21; Lc 1.16,17).

Em cada período da História Deus envia seus mensageiros para chamar o povo ao arrependimento antes

A última audiência

que venha o juízo. Na Reforma do século 16, Elias veio nas palavras candentes de Lutero, Calvino e John Knox. No século 18, Elias veio no fervoroso espírito de João Wesley, George Whitefield e Jonathan Edwards. Hoje, Elias vem no ministério de todos aqueles que se levantam no poder do Espírito, em nome de Deus, para chamar o povo ao arrependimento.[115] Há uma conexão entre a primeira e a segunda vinda de Cristo. O tempo chegou em Cristo e avança para o grande e terrível dia de Deus.

Em terceiro lugar, *antes do veredicto final, é imperativo uma profunda transformação nas relações familiares* (4.6). O bendito evangelho começa no lar. Se o evangelho não funcionar no lar, não funcionará em lugar algum. A mais bela expressão do evangelho é o lar, feliz, onde os pais entendem os filhos e têm tempo para eles; onde os filhos, cercados de amor, crescem no conhecimento de Cristo. A transformação do povo de Deus precisa começar na família. Não há igrejas fortes sem lares fortes. A volta para Deus implica restauração de relacionamentos familiares. A conversão do coração dos pais aos filhos e dos filhos aos pais significa mais do que acabar com os conflitos de gerações. Isaltino Gomes diz que essa conversão implica em unir pais e filhos em torno de uma pessoa. No judaísmo, o lar era um centro de ensino sobre Deus e Sua Palavra. A nova época que Elias viria anunciar e que o Messias viria implantar, teria uma mensagem capaz de reunir toda a família. Os laços familiares continuam sagrados na nova revelação.[116]

Como os pais podem ser convertidos aos seus filhos? Pais convertidos aos filhos dão mais valor aos filhos do que ao sucesso profissional. Importam-se mais com o relacionamento com os filhos do que com coisas materiais. Pais convertidos aos filhos ensinam os filhos no caminho em que devem andar. Pais convertidos aos filhos criam os filhos na disciplina e admoestação do Senhor. Pais convertidos aos filhos não provocam os filhos à ira nem os humilham. Pais convertidos aos filhos amam os filhos incondicionalmente e não os comparam com outras pessoas. Pais convertidos aos filhos temperam disciplina com encorajamento. Pais convertidos aos filhos têm canal de comunicação aberto com os filhos. Pais convertidos aos filhos perdoam os filhos.

Como os filhos podem ser convertidos aos seus pais? Filhos convertidos aos pais, obedecem a eles no temor do Senhor. Filhos convertidos aos pais, respeitam os pais. Filhos convertidos aos pais, cuidam dos pais. Filhos convertidos aos pais são gratos aos pais. Filhos convertidos aos pais procuram ser a alegria dos pais.

Concluímos a exposição deste capítulo, focando três fatos solenes.

Primeiro, *o dia do juízo será dia de trevas e de luz, de condenação e exultação*. Só há dois grupos na humanidade, os que estão preparados para encontrar o Senhor e aqueles que não estão; os salvos e os perdidos.

Segundo, *o dia do juízo será o dia da vindicação da justiça de Deus*. Deus havia sido acusado de ser omisso e conivente com o mal. Os ímpios zombavam de Deus, perguntando onde estava o Deus do juízo. Os ímpios aparentemente tinham uma vida boa e eram prósperos. Todavia, quando esse terrível dia chegar, a justiça será feita. A balança de Deus não é enganosa. O prumo de Deus nunca falha. O juízo de Deus será implacável para os zombadores, mas os justos triunfarão. A verdade triunfará.

Terceiro, *o dia do juízo aponta apenas para dois caminhos: conversão ou maldição*. A família é restaurada, por intermédio da conversão dos pais aos filhos e dos filhos aos pais, ou então, a terra será ferida pela maldição. Essa maldição já está em curso. O pecado traz opróbrio. Essa maldição será final, completa, irrevogável no dia do juízo. Que caminho você vai escolher: o caminho da bênção ou da maldição? A vida ou a morte? A bem-aventurança eterna ou o juízo eterno? O Antigo Testamento termina dizendo que Jesus vem. O Novo Testamento começa com a vinda de Jesus. O Antigo Testamento termina com a maldição para os desobedientes. O Novo Testamento com a graça para os remidos. O Antigo Testamento fecha as cortinas com a solene palavra "maldição" (4.6), mas o Novo Testamento termina o drama da história com a promessa: "E não haverá mais maldição" (Ap 22.3). O que fez a diferença, pergunta Warren Wiersbe? É que Jesus, na cruz do calvário se fez maldição por nós (Gl 3.13), para que nós fôssemos feitos justiça de Deus (2Co 5.21).[117] Agora mesmo você pode entregar sua vida a Jesus e receber Dele um novo coração, uma nova mente, uma nova vida, um novo lar, e ainda e melhor que tudo, o perdão dos seus pecados e a vida eterna.

NOTAS DO CAPÍTULO 8

[112] Wolfendale, James. *The preacher's complete homiletic commentary – minor prophets*. Vol. 20, p. 728.

[113] GOMES FILIIO, Isaltino. *Malaquias, nosso contemporâneo*, p. 77

[114] Gálatas 3.24; Romanos 10.4.

[115] MOORE, Thomas V. *A commentary on Haggai and Malachi*, p. 176.

[116] GOMES FILHO, Isaltino. *Malaquias, nosso contemporâneo*, p. 80.

[117] WIERSBE, Warren W. *With the word*, p. 626.

Sua opinião é importante para nós. Por gentileza, envie seus comentários pelo e-mail editorial@hagnos.com.br

Visite nosso site: www.hagnos.com.br

Esta obra foi impressa na Imprensa da Fé.
São Paulo, Brasil.
Verão de 2019.